Fit für Klasse 5

Wie du selbstständig und vorbereitet den Übertritt auf die neue Schule meisterst –

Übungsbuch mit Tests für Deutsch, Mathe & Englisch

inkl. Lernstrategien und Tipps

Jana Seitz

Sladoled Verlag

ISBN: 978-3-00-074665-9
Auflage 1

Haftungsausschluss
Die Wiedergabe von Gebrauchsnamen, Handelsnamen, Warenbezeichnungen usw. in diesem Werk berechtigt auch ohne besondere Kennzeichnung nicht zu der Annahme, dass solche Namen im Sinne der Warenzeichen- und Markenschutz-Gesetzgebung als frei zu betrachten wären und daher von jedermann benutzt werden dürfen. Trotz sorgfältigem Lektorat können sich Fehler einschleichen. Autor und Verlag sind deshalb dankbar für diesbezügliche Hinweise. Jegliche Haftung ist ausgeschlossen, alle Rechte bleiben vorbehalten.

Externe Links
Der Autor übernimmt keinerlei Gewähr für die Aktualität, Korrektheit, Vollständigkeit oder Qualität der bereitgestellten Informationen. Alle Inhalte dieses Buches wurden sorgfältig und besten Gewissens zusammengetragen. Sie spiegeln die persönliche Meinung und Erfahrung des Autors wider. Der Autor übernimmt daher keine juristische Verantwortung oder Haftung für Schäden, die durch eventuelle Fehler oder fehlerhafte Anwendung entstehen und erhebt keinen Anspruch auf juristische Korrektheit, sowie inhaltliche Vollständigkeit. Die Umsetzung erfolgt ausdrücklich auf eigenes Risiko. Es gibt keine Garantie dafür, dass alles genau so, bei jedem Leser, zu genau den gleichen Ergebnissen führt.

Illustrationen kommerziell lizensiert von depositphotos und anderen Bilddatenbanken.

Inhalt

Vorwort für die Eltern

Vermutlich hast du zu diesem Buch gegriffen, weil deinem Kind der Übertritt auf das Gymnasium, die Gesamtschule oder die Realschule bevorsteht. Du möchtest ihm den Übergang erleichtern und hast vielleicht noch Zweifel, ob es in der Grundschule ideal auf die neuen Herausforderungen vorbereitet wurde.
Viel Neues steht deinem Kind bevor: eine völlig neue Klassengemeinschaft, ein neuer Schulweg und größere Herausforderungen im Schulalltag. War dein Kind bisher an ein bis zwei Lehrkräfte gewöhnt, die es in den Haupt- und Nebenfächern unterrichteten, ist es ab der fünften Klasse mit weiteren Fächern wie Erdkunde, Geschichte und den naturwissenschaftlichen Fächern konfrontiert, die in der Regel jeweils von verschiedenen Fachlehrern gelehrt werden.
Als wären diese vielen neuen Eindrücke nicht schon Herausforderung genug, wird der neue Lehrplan dein Kind durch ein höheres Lerntempo fordern und ihm viel Selbstständigkeit abverlangen. Zu Recht fragst du dich, ob es in seiner neuen Klasse mithalten kann.
Krankheitsausfälle bei Grundschullehrern haben vielleicht dazu geführt, dass die ein oder andere Lehrkraft den Unterrichtsstoff der vierten Klasse nicht gänzlich vermitteln konnte. So liegt die Verantwortung bei deinem Kind, Inhalte nachzuholen, um in der fünften Klasse nicht den Anschluss zu verlieren.

Was erwartet dein Kind in diesem Buch?
Das vorliegende Übungsbuch hat das Ziel, dein Kind optimal auf die Anforderungen der neuen Schule vorzubereiten. Es ist so konzipiert, dass dein Kind die Übungen selbstständig erarbeiten kann. Du trägst als Elternteil allerdings einen entscheidenden Teil zur Lernmotivation bei, wenn du die Aufgaben und mögliche Schwierigkeiten mit ihm besprichst und in regelmäßigen Abständen den aktuellen Stand erfragst. Als besonders hilfreich haben sich Lernroutinen und -rituale herausgestellt: Legt vorher gemeinsam fest, wann und wieviel dein Kind in dem Übungsbuch schaffen sollte, und frage den Lernstand immer am gleichen Tag, z.B. jeden Samstagvormittag, ab. Wurde das Lernziel erreicht, kannst du dir mit deinem Kind auch eine kleine Belohnung überlegen. Statt materieller Belohnungen bietet es sich eher an, gemeinsame Zeit zu verschenken: Macht beispielsweise einen schönen Ausflug oder schaut gemeinsam einen Film.
Um deinem Kind die erfolgreiche Erarbeitung der Übungen zu erleichtern, befindet sich auf Seite 15 ein QR-Code. Scanne diesen ein und du erhältst eine Vorlage für einen Wochenplan. Diese Vorlagen könnt ihr ausdrucken und gemeinsam ausfüllen, damit dein Kind bei den Übungen am Ball bleibt. Weiterhin findest du auf Seite 16 einen Lernvertrag. In diesem könnt ihr gemeinsam eine Belohnung festlegen, die dein Kind erhält, wenn es alle Übungen bearbeitet hat. Dadurch gibst du deinem Kind einen zusätzlichen Motivationsschub.

Wie geht eigentlich Lernen?
Besonders in der Rolle des Elternteils oder der Lehrkraft vergessen Erwachsene oft selbst, was Lernen eigentlich bedeutet. Wie war deine eigene Schulzeit? Was hättest du gebraucht, um mit mehr Begeisterung zu lernen?
Ich halte es für sehr wichtig, dass du dich in dein inneres (Schul-)Kind hineinversetzt, um den Bedürfnissen deines Kindes in punkto Lernen gerecht zu werden. Es ist nämlich keinesfalls so, dass du nach deiner Schul- oder Universitätszeit „ausgelernt" hast. Immer, wenn du mit Begeisterung eine neue Erfahrung machst – sei es ein neuer Tanz, interessante Inhalte einer Dokumentation oder eines Buches, oder Informationen, die dir deinen Familien- oder

Arbeitsalltag erleichtern – dann bist du mit genau jenen Herausforderungen konfrontiert, die auch dein Kind für seine erfolgreiche Schullaufbahn benötigt: Freude, Spiel und einen Bezug zur unmittelbaren Lebensrealität.
Darüber hinaus spielt es eine bedeutende Rolle, wo, wann und in welchem Zustand dein Kind lernt. Im ersten Teil dieses Buches werden deshalb die Voraussetzungen zum erfolgreichen Lernen geschaffen. Hier erhält dein Kind Informationen und Tipps zur Lernumgebung, Lernmotivation und weiteren Lernstrategien. Statt trockener Theorie erwartet dein Kind im ersten Abschnitt dieses Buches leicht anzuwendende Hilfestellungen, bei denen Spiel und Spaß nicht zu kurz kommen.

Wie sind die Aufgaben aufgebaut?

Sind erst einmal die richtigen Voraussetzungen zum Lernen geschaffen, kann dein Kind zum wesentlichen Teil dieses Buches kommen: den Aufgaben.
Die Übungen und Aufgaben zu den Hauptfächern Deutsch, Mathematik und Englisch sind nach Themenbereichen unterteilt. Jedes Thema wird mithilfe von Merkkästen zusammengefasst und mit Beispielen veranschaulicht, sodass dein Kind immer genau weiß, was es lernt. Die jeweiligen Aufgaben orientieren sich nach dem Lernplan der 4. Klasse und Aufgaben, die im Anfangsunterricht der 5. Klasse von Realschule, Gesamtschule und Gymnasium unterrichtet werden. Die Aufgaben steigern sich von leichteren zu immer schwierigeren Aufgaben, was deinem Kind Selbstvertrauen und Sicherheit geben soll. Da sich der Lernstoff je nach Bundesland, Schule und Lehrkraft minimal unterscheiden kann, solltest du als Elternteil stets ein Auge darauf werfen, welche Aufgaben für dein Kind besonders relevant sind. Eventuell wurde es mit einigen Themen der 4. Klasse noch nicht konfrontiert, was es überfordern könnte.
Im Anschluss an bestimmte Teilgebiete hat dein Kind die Gelegenheit, sein Wissen mithilfe von Tests zu überprüfen.
Ich empfehle dir, die Lösungen am Ende des Buches auszuschneiden, damit dein Kind nicht auf die Idee kommt vor Bearbeitung der Aufgaben in den Lösungen nachzuschauen.
Nun bleibt mir nur noch zu wünschen, dass du am Ende dieses Buches mit Sicherheit und Freude auf den neuen, bedeutenden Lebensabschnitt schauen kannst, der deinem Kind bevorsteht. Und wer weiß: Vielleicht lernst auch du noch etwas Neues, während du mit deinem Kind die Aufgaben besprichst.

So meisterst du superstark den Schulwechsel

Kannst du dich noch an deine Einschulung in die erste Klasse erinnern?
Es gab eine Schultüte und vielleicht eine kleine Feier. Du warst bestimmt stolz, ein Schulkind zu sein und nicht mehr zu den Kindergartenkindern zu gehören. Dann lerntest du in ziemlich kurzer Zeit nicht nur rechnen, lesen und schreiben. Du hast auch neue Freunde gefunden, dich an deine Lehrer und die Schulregeln gewöhnt und die ganze Aufregung der ersten Wochen war ganz schnell vorbei.
Jetzt bist du vermutlich in der vierten Klasse und der ganze Wirbel steht dir zum neuen Schuljahr ein zweites Mal bevor: neue Freunde, neue Lehrer, ein neuer Schulweg und wieder neue Regeln. Du kannst stolz auf dich sein, denn bald gehörst du zu den Großen. Aber wie schon Peter Parker von Spiderman wusste: „Mit großer Stärke kommt große Verantwortung".
Als Schüler der 5. Klasse musst du nicht sofort wie Spiderman die Welt vor dem Bösen retten, das kommt vielleicht ein wenig später. Aber trotzdem warten auf dich viele neue Herausforderungen: Wenn du durch die Grundschulzeit noch mit wenig Lernzeit gekommen bist, wird dir das auf der neuen Schule nicht mehr so leicht gelingen. Vielleicht weißt du auch noch von deiner Einschulung, dass manche Kinder bereits zu Beginn der ersten Klasse mehr konnten als andere. Das kann dir ebenfalls passieren. Da gilt es: Ruhe bewahren! Auch Superhelden dürfen mal Angst haben. Aber wenn es hart auf hart kommt, sind sie mutig und bestens auf die Klassenarbeit vorbereitet.
Um die erste Zeit auf der neuen Schule seelenruhig und selbstsicher zu meistern, brauchst du wahre Superkräfte. Und genau die erhältst du im ersten Teil dieses Buches:

Wann fängst du am besten mit dem Lernen an?
Welche Tricks gibt es, um besser zu lernen?
Wie kannst du dich länger am Stück konzentrieren?

Das und noch einiges mehr erfährst du in den ersten drei Kapiteln ab Seite 9. Hier solltest du auch unbedingt den Wochenplan ausdrucken, den du mit einem QR-Code abrufen kannst. So bleibst du garantiert immer am Ball! Du weißt doch: Fleiß hat seinen Preis! Er sollte aber auch unbedingt belohnt werden. Deshalb ist der Lernvertrag auf Seite 16, eine super Gelegenheit, sich von deinen Eltern für deine getane Arbeit belohnen zu lassen.

Wie funktioniert das Übungsbuch?
Es ist dir überlassen, wie du mit diesem Buch arbeitest. Vielleicht möchtest du sofort mit den Aufgaben loslegen. Auch hier weißt du selbst am besten, welches Fach und welche Themen dir noch Schwierigkeiten bereiten. Die Übungen sind von leicht nach schwer geordnet. Wichtig ist es, dass du die kurze Erklärung und die Beispiele am Anfang der Aufgaben durchliest.
Eigentlich bist du beim Lösen der Aufgaben nicht auf die Hilfe deiner Eltern angewiesen. Wenn du aber nicht weiterkommst oder nicht alles allein lösen möchtest, kannst du sie natürlich um Hilfe bitten. Vielleicht habt ihr im Matheunterricht der Grundschule noch nie Diagramme und Schaubilder erstellt und im Fach Deutsch keine

Bildergeschichten geschrieben. Weil das jedoch zum Unterrichtsstoff der 5. Klasse gehört, kannst du es mithilfe dieses Buches schon mal üben.
Am Ende von einigen Themen überprüfst du das Gelernte mit Tests. Die Lösungen findest du am Ende des Buches. Es ist klar, dass du nicht voreilig in die Lösungen schauen solltest, oder? Versuch erst einmal eigenständig, die Übungen zu meistern.

Fühlst du dich jetzt bereit, dich auf eine aufregende Abenteuerreise zu begeben? Dann setz deine Schlauberger-Mütze auf, schnall den Intelligenz-Gürtel um oder zieh die Alleswisser-Unterhose über! Welche Hilfsmittel dir auch immer dabei helfen, dein Superhirn zu aktivieren und Spaß zu haben: Nimm sie mit auf die Reise!

Das Lernen lernen – Warum, was, wie, wo, wann

Das ABC kannst du schon und „www“ kennst du aus dem Internet. Hier bringe ich dir aber die 5 W´s des Lernens bei. Und das hat nichts damit zu tun, dass lernen wehtun muss. Ganz im Gegenteil.

WARUM lernen

Was löst das Wort „Lernen" bei dir aus? Freudensprünge oder Übelkeit?
Wenn dir beim Wort „lernen" eher übel wird, dann hat dir irgendjemand vielleicht in den letzten Jahren schon das Lernen verdorben. Bestimmt wurden dir unnütze Dinge erklärt und du wurdest belehrt und bewertet. Dachtest du wirklich, das ist Lernen?
Diesen Irrtum müssen wir unbedingt aufklären! Dazu gehen wir am besten zurück in deine ersten Lebensjahre: Seit du auf der Welt bist, lernst du ständig neue Dinge. Du hast laufen gelernt, um die Welt zu erkunden und sprechen gelernt, um dich mitzuteilen. Das Lernen lief in deinen ersten Lebensjahren völlig automatisch ab. Niemand musste dir erklären, wie es geht. Du hast einfach zugeschaut, wie die Erwachsenen oder andere Kinder es machen und hast es nachgemacht, was du gesehen und gehört hast. Nie hast du dich gefragt, WARUM du etwas lernen musst. Du wolltest einfach unbedingt auch können, was die anderen können. Du wolltest neue Sachen lernen!

WAS lernen

Von Anfang an diente das Lernen deiner Selbstständigkeit. Selbstständigkeit bedeutet in deinem Fall, Stück für Stück freier von dem zu werden, was die Großen sagen und tun. Du wolltest zum Beispiel selbst in den nächsten Raum gehen und die Süßigkeiten aus dem Küchenschrank stibitzen, ohne deine Eltern zu fragen. Du wolltest auch sprechen lernen. Nur so konntest du deinen Eltern klar machen, was du gerne isst und wo du gerne hinmöchtest. Spielend leicht hast du total schwierige Dinge wie das Sprechen und Laufen gelernt, weil es einen praktischen Nutzen hatte. Du konntest das, WAS du gelernt hast, also wirklich gut gebrauchen!
Im besten Fall solltest du alles, was du in der Schule lernst, auch gebrauchen können. Noch besser ist es, wenn du alles Wissen praktisch lernst: Also mit möglichst vielen Experimenten und Beispielen. Wenn du Dinge selbst machst und selbst brauchst, prägen sie sich viel besser ein und helfen dir, dein Leben selbstständig zu meistern. Kennst du die vier Fälle des Nomens und kannst Wortarten unterscheiden? Dann fällt es dir auch leichter, eine neue Fremdsprache zu lernen. Kannst du gut Kopfrechnen? Dann kannst du beim Einkaufen sparen. Bist du gut in Sachaufgaben? Dann kannst du Dinge besser planen. Zum Beispiel fällt es dir dann leichter, dein Taschengeld für den gesamten Monat gut einzusetzen und das Lernen in den Ferien zu planen. Wir sind zwar hier nicht im Matheunterricht, aber man könnte es als logische Reihenfolge ausdrücken:

Praktischer Nutzen → Selbstbeständigkeit

WIE lernen

Die Kombination aus Praktischem Nutzen und Selbstständigkeit macht das Lernen schon ziemlich aufregend. Doch jetzt kommt es noch darauf an, WIE du dir ganz automatisch neues Wissen angeeignet hast: Du hast es ausprobiert und herumexperimentiert, bis du geschafft hast, was du wolltest.

Auf Englisch nennt man dieses Lernprinzip „trial and error" (deutsch: Versuch und Irrtum). Das Prinzip ist ein wenig vergleichbar mit einem Spiel: Wenn du ein Spiel immer wieder spielst, wirst du auch immer besser. Unter anderem gelingt dir das, indem du neue Wege gehst, statt immer wieder den gleichen Spielzug zu wiederholen.

Klar, hast du dich auch mal geärgert, wenn nicht alles gleich immer so ging, wie du es wolltest. Dann waren im besten Fall Erwachsene zur Seite, die dich getröstet und motiviert haben. Aber kannst du dich noch an das Gefühl erinnern, wenn du endlich geschafft hast, wofür du so lange geübt hast?

Was für ein Gewinnergefühl!

Unsere logische Reihenfolge können wir ergänzen:

Praktischer Nutzen → Selbstständigkeit → Spiel → Spaß → Erfolg

WO lernen

Zu Hause kannst du dir mehr als in der Schule aussuchen, WO du lernst. Bei der Wahl des Arbeitsplatzes kann einiges schieflaufen, aber vielleicht machst du ja auch manches besser als in der Schule.

Wie in der Schule solltest du für einen ruhigen, aufgeräumten Arbeitsplatz sorgen. Ein aufgeräumter Schreibtisch sorgt für weniger Ablenkung. Natürlich sollte auch nicht der Fernseher laufen. Falls du ein Smartphone hast, stellst du es am besten auf lautlos und legst es in ein anderes Zimmer.

Leg dir alle Materialien zurecht, bevor du dich an die Aufgabe setzt. Etwas Bewegung kann deine Gehirnzellen auf Trab halten. Also ruhig vorher noch einmal auspowern. Auch Sauerstoff tut deinen Gehirnzellen gut: Lass ein wenig frische Luft ins Zimmer.

Sitzt du jetzt am Schreibtisch? Und? Fühlt es sich bequem an? Wenn nicht, dann denk doch mal über einen Sitzball oder einen Hocker nach. Auf denen kannst du öfters mal die Position wechseln und deine Wirbelsäule ist immer schön gerade. Mit geradem Rücken atmet es sich auch besser. Und dass du zum Denken Sauerstoff brauchst, erwähnte ich bereits, oder? Also öffne vorher ruhig mal das Fenster und lüfte für einige Minuten.

WANN lernen

In der ersten Schulstunde bist du immer müde? Da funktioniert dein Kopf noch gar nicht richtig? Normal! Studien haben ergeben, dass Kinder zwischen 10 und 17 Jahren sich nachmittags am besten konzentrieren können. Dabei sollten sie vorher mindestens acht Stunden geschlafen haben (Schnur 2017). Am besten lernst du, wenn du dich vorher ein bisschen bewegt hast. Zwischen der letzten Schulstunde und dem Lernen zu Hause sollte mindestens eine Stunde liegen. Vor dem Lernen Filme schauen solltest du nicht: Das macht dich müde! Heb dir das für den Abend auf, wenn alle Aufgaben erledigt sind. Du solltest auf jeden Fall etwas im Magen haben, aber iss nicht zu viel, das macht auch nur müde. Auch zu viel Zucker lässt dich schnell durchhängen.

ALLES nochmal

Weißt du jetzt, wie Lernen geht? Nicht sicher? Gar nicht schlimm! Hier ALLES noch mal zusammengefasst: Stell dir vor, das Lernen wäre wie backen und das sind die vier Zutaten, die du dafür benötigst:

Zutat 1: Lernen ist praktisch
Zutat 2: Lernen macht dich selbstständig
Zutat 3: Lernen ist spielerisch
Zutat 4: Lernen macht Spaß

Wenn dir das Lernen in der Schule einmal keinen Spaß bereitet, dann erinnere dich an diese vier wichtigen Zutaten. Fehlt dir eine Zutat, dann überleg dir, wie du selbst mehr praktische Übungen, Selbstständigkeit, Spiel und Spaß in die Schule bringen kannst, damit du am Ball bleibst.

Das kann ich schon allein – selbstständig und organisiert lernen

Keine Angst vor Fehlern!

Auf der neuen Schule wird von dir immer mehr erwartet, dass du Aufgaben auch alleine erledigen kannst. Weder Lehrer noch Mitschüler kannst du ständig um Hilfe bitten. Falls du unsicher bist, ob du eine Aufgabe richtig verstanden hast, probiere sie trotzdem so gut es geht selbst zu lösen. Vielleicht verlierst du deine Angst vor Fehlern, wenn du dich in solchen Situationen an diese zwei Redewendungen erinnerst: „Probieren geht über studieren!" und „Aus Fehlern lernt man." Ich fi nde diese Sätze für die Schule sehr passend, weil sie zeigen, dass Probieren und Fehlermachen zum Lernen dazugehören. Denke auch an deine Eltern oder Freunde. Auch die machen mal einen Fehler.

In den richtigen Momenten um Hilfe bitten!

Versteh mich jetzt bitte nicht falsch: Es ist nichts Schlechtes daran, um Hilfe zu bitten und Fragen zu stellen. Ganz im Gegenteil! Allerdings wirst du feststellen, dass es ab der 5. Klasse dafür weniger Gelegenheiten gibt, dass Lehrer weiterhin Aufgaben erklären und wichtige Hinweise geben. Anschließend werden sie sich erkundigen, ob es noch Fragen gibt. In diesen Momenten solltest du ganz konzentriert zuhören und all deine Fragen, ohne zu zögern stellen. Wenn du das Gefühl hast, dass die Aufgaben in einem oder mehreren Schulfächern für dich zu schwierig sind oder das Lerntempo zu hoch ist, solltest du nach dem Unterricht mit deinen Lehrern oder deinen Eltern sprechen.

Erkenn deine Superkraft!

Die anderen können das ja alle viel besser als ich!
Du wirst immer in eine Situation kommen, wo jemand etwas besser kann als du. Diese Beobachtung bringt dich aber nicht weiter! Konzentrier dich stattdessen auf deine Stärken. Welches Fach fällt dir besonders leicht? Bist du vielleicht richtig gut im Kopfrechnen? Oder kennst du dich mit römischer Geschichte total gut aus?
Wenn du richtig gut zeichnen kannst, dann übernimmst du die Aufgabe, ein Lernplakat zu erstellen. Vielleicht bist du auch super darin, Aufgaben gerecht zu verteilen und den Überblick zu behalten. Dann darfst du in Gruppenarbeiten auch ruhig mal die Gruppenleitung übernehmen.

Selbstständig, aber nicht allein!

Richtig schwierig kann das selbstständige Lernen zu Hause sein. Du musst für eine Klassenarbeit lernen oder Hausaufgaben machen, aber allein am Schreibtisch zu sitzen fi ndest du bestimmt total langweilig. Warum setzt du dich dann nicht in die Küche, wo deine Mama gerade das Abendessen vorbereitet? Oder frag deinen Papa, ob du neben ihm sitzen kannst, während er sein Buch liest. Natürlich kannst du auch mit Freunden lernen!
Zwar solltest du nicht alle drei Minuten um Hilfe bitten, aber niemand hat gesagt, dass du deshalb einsam in deinem Kinderzimmer sein musst.

Beweg dich!

Demnächst kommst du in die 5. Klasse, wo eine ganze Schulstunde lang Klassenarbeiten geschrieben werden. So viel stillsitzen! Davor musst du gelangweilt am Schreibtisch sitzen und Vokabeln und Merksätze auswendig lernen. Wie doof! Aber Moment! Wer hat denn gesagt, dass du beim Lernen sitzen musst?

Egal, ob du einen Ball in den Korb wirfst, tanzt oder Liegestütze machst, während du auswendig lernst: Das alles funktioniert besser und bereitet mehr Spaß als am Schreibtisch zu sitzen und sich die Inhalte einfach nur durchzulesen. Wenn du Schulstoff mit anderen Handlungen verknüpfst, indem du beispielsweise zu der Englischvokabel „pig" ein Schwein malst und das Wort laut sprichst, dann prägt es sich besser ein.

Viele kleine Pausen machen!

Mehr als 30 Minuten am Stück mit voller Konzentration zu lernen, schaffen nicht mal Erwachsene. Der italienische Student Francesco Cirillo hat hierfür den Pomodoro-Wecker erfunden. Das ist nichts anderes als ein Wecker, der nach 25 Minuten klingelt und dich daran erinnert, eine 5-minütige Pause einzulegen. Auf diese Weise kannst du auch mal mehr als eine Stunde lernen. Allerdings sollte nach maximal drei kleinen Pausen eine Pause von 15 Minuten folgen. Stell dir doch auch einen Wecker und benutze denselben Geheimtrick wie Francesco Cirillo.

Beispiel für eine mögliche Abfolge einer Lerneinheit

lernen	kurze Pause machen	lernen	kurze Pause machen	lernen	kurze Pause machen	lernen	längere Pause machen

Pausen klug nutzen!

So wie es schlaues Lernen gibt, gibt es auch kluges Pausenmachen. Für die Schule und zu Hause gilt: Smartphone in den Lernpausen meiden! Ich kenne das selbst von mir: Der Griff zum Smartphone geht ganz schnell. Ich fühle mich auch oft zu faul, um aufzustehen. Manchmal esse ich in der Pause statt einer Banane lieber einen Schokoriegel, weil ich denke, dass er mir mehr Energie gibt. Doch dann muss ich feststellen, dass ich nach einer halben Stunde schon wieder müde bin. Zucker (auch Traubenzucker) versorgt uns nämlich nur rund 20 Minuten mit Energie. Viel besser sind hingegen Nüsse, Bananen und Paprika. Diese Nahrungsmittel geben dir über einen längeren Zeitraum Energie. Auch Aufstehen ist ein Muss! Du sitzt während des Lernens meist schon mit gebeugtem Nacken und schaust in eine Richtung. Deine Augen brauchen eine Pause, dein Rücken braucht Bewegung und dein Gehirn braucht frische Luft. Kluges Pausenmachen füllst du deshalb mit Bewegung, Gesprächen oder Musikhören. Am besten draußen!

Übung stärkt deine Superkräfte!

Habe ich schon erwähnt, dass Lernen mit ganz vielen Wiederholungen funktioniert? Wenn du ein Instrument spielst, weißt du das am besten: Übung macht den Meister.

Du kannst dir die Nervenbahnen in deinem Gehirn wie Straßen vorstellen: Wenn eine Information einen bestimmten Weg mehrmals abgefahren ist, wandert sie ins Langzeitgedächtnis. Man kann sich die Informationen nun besser merken.

Genauso, wie wenn du den Weg zu deiner neuen Schule öfter gehst. Irgendwann kennst du diesen fast auswendig. Das Langzeitgedächtnis ist vergleichbar mit dem Datenspeicher deines Smartphones. Natürlich kannst du dir Vokabeln einprägen, indem du Karteikarten umdrehst. Irgendwann landet alles in deinem Datenspeicher! Besser ist es, wenn du die Vokabel laut sprichst. Du kannst auch mal versuchen, kleine Zeichnungen zu den Vokabeln zu erstellen. Hilfreich kann es auch sein, die Vokabeln in eine Fantasiestory einzubauen. Wenn es um Merksätze oder kompliziertere Inhalte geht, erklär das ganze deinen Verwandten mit eigenen Worten oder schreib es nochmal auf.

Check täglich deine Schultasche!

Erstmal ewig in der Schultasche kramen, um das Deutschheft zu finden? Oder wieder mal das Mathebuch zu Hause liegen gelassen? Das muss nicht sein!

Schau immer schon am Abend auf deinen Stundenplan. Welche Fächer hast du am nächsten Tag? Leere deine Schultasche und packe nur das ein, was du am nächsten Tag wirklich brauchst! So schleppst du auch nicht zu viel in die Schule! Bestimmt gibt es auch (Schließ-)Fächer in der Schule, in denen du deine Sportschuhe und schwere Bücher lassen kannst.

Sei schlau, spar Zeit!

Wenn du im Unterricht schon sauber mitschreibst, spart dir das beim Lernen Zeit. Schreib mit einem Füller und streiche falsche Wörter mit dem Lineal durch. Zeichnungen fertigst du mit Bleistift an. Bei Hefteinträgen Datum und Überschrift nicht vergessen! Schreib groß und lass Abstände und Absätze. Arbeitsblätter immer an die richtige Stelle einheften. Hausaufgaben müssen klar gekennzeichnet werden.

Mach's dir schön!

Noch übersichtlicher wird dein Heft, wenn du mit Farben und Zeichnungen arbeitest. Für wichtige Informationen benutzt du Textmarker. Merksätze kannst du zum Beispiel grün einkreisen, Hausaufgaben rot und Überschriften gelb markieren. Fragen und unbekannte Wörter kannst du an den Rand schreiben.

Lies mit dem Stift!

Textaufgaben oder Lesetexte sollten bei dir niemals blank bleiben. Welche Informationen sind zum Lösen der Aufgabe wichtig? Wo stehen die Schlüsselwörter? Auch hier ist es wieder hilfreich, längere Texte in kleine Häppchen zu teilen. Finde heraus, wo ein neuer Abschnitt beginnt und markiere ihn mit einem Strich. Welches Thema wird in dem Abschnitt besprochen? Finde für jeden Abschnitt eine Überschrift!

Das Lesen mit dem Stift hilft dir, die Übersicht zu behalten.

Wochenplan führen!

Neben dem Stundenplan für den Unterricht sollte an deinem Arbeitsplatz auch unbedingt ein Wochenplan hängen. Hier kannst du beispielsweise deine Lernaufgaben aus dem Übungsbuch eintragen. Teile dir die Tage von Montag bis Sonntag ein und schreibe auf, zu welcher Tageszeit (morgens, mittags und abends) du welche Aufgaben machen möchtest. Du kannst dir auch wichtige Anmerkungen dazu schreiben, z.B.: „Englisch Vokabeln zum Thema Schule lernen“ oder „eine Textaufgabe in Mathe wiederholen“. Damit du alle Aufgaben, die du in deinem Wochenplan notierst auch schaffst, schreibe dir drei Ziele auf, die du dir für die Woche vornimmst. Zum Beispiel von 20 Englischvokabeln zum Thema Schule möchte ich mir 10 diese Woche merken. Versuche deine Ziele möglichst realistisch zu planen. Du kannst dir auch weitere kleine Notizen in deinen Wochenplan schreiben. Hast du diese Woche etwas

besonders gut gemacht, auf was du stolz bist? Vielleicht hast du ja 15 Vokabeln anstatt 10 Vokabeln gelernt. Schreib es auf! Das motiviert dich weiter zu lernen!
Als zusätzlichen Tipp gebe ich dir noch mit, deine geplanten Aufgaben aus dem Wochenplan mit einem Smiley zu bewerten. Es ist normal, dass einem einige Aufgaben leichtfallen, einige jedoch schwieriger sind und man für diese länger Zeit braucht. Schreibe dir alle Aufgaben, bei denen du einen traurigen Smiley als Bewertung eingetragen hast nochmal auf und wiederhole diese an einem Tag, an dem du weniger zu tun hast. Alle Aufgaben mit einem neutralen Smiley, kannst du dir nochmal abends oder am nächsten Tag anschauen. Das hilft, sich diese nochmal zu merken. Alle Aufgaben, die du mit einem lachenden Smiley bewertet hast, kannst du schon. Super!
Einen Wochenplan findest du hier als QR-Code hinterlegt. Scanne den Code und drucke dir die Vorlage für deinen Wochenplan aus oder frage deine Eltern, ob sie dir die Vorlage ausdrucken können. Wenn du gerne bastelst, gibt es im Internet weitere tolle Ideen, wie du einen Wochen-plan als Plakat erstellen kannst.

Ziele abhaken!

So ein Wochenplan eignet sich nicht nur bestens dafür, um die Übersicht für die kommende Woche zu behalten. Er zeigt dir auch, was du schon geschafft hast. Immer wenn du eine Aufgabe erledigt hast, kannst du sie mit einem roten Stift im Wochenplan abhaken. Ein tolles Gefühl, oder?

Pack dir deinen Tag nicht zu voll!

Ein typischer Fehler: Du nimmst dir zu viel vor und bist danach enttäuscht, wenn du nicht alles schaffst. Das geht auch vielen Erwachsenen so. Wenn du am Mittwoch Fußballtraining hast, dann bleibt danach vielleicht noch Zeit für Vokabellernen. Aber viel mehr sollte nicht in deinem Wochenplan stehen. Ich empfehle dir, nicht mehr als drei Einträge pro Tag in deinen Wochenplan zu schreiben.

Schließ einen Lernvertrag ab!

Musst du über die Ferien ganz viel nachholen? Oder für eine große Klassenarbeit lernen? Wenn du eine größere Aufgabe zu erledigen hast, ist ein Lernvertrag sinnvoll. Den Lernvertrag schließt du mit deinen Eltern ab.
Ist alles sauber geschrieben? Alle Aufgaben erledigt? Dann bekommst du eine Belohnung von ihnen.
Fangt mit diesem Übungsbuch an: Legt fest, wie viele Aufgaben du pro Woche schaffen möchtest. Dann besprecht ihr, was du erhältst, wenn du das Übungsheft beendet hast. Auch für die kleinen wöchentlichen Ziele sollten Belohnungen ausgehandelt werden. Am Ende schließt ihr den Vertrag mit euren Unterschriften. Auf der nächsten Seite findest du eine Vorlage für deinen Lernvertrag. Fülle diesen nun mit deinen Eltern aus.

Lernvertrag

zwischen

______________________ und ______________________

Das sind meine Ziele:

Das tue ich dafür:

Diese Belohnung(en) erhalte ich, nachdem ich die Ziele erreicht habe:

Der Vertrag wird überprüft am ______________________.

______________	______________________	______________________
(Datum)	(Unterschrift Schüler)	(Unterschrift Elternteil)

Schlauer lernen – Tipps und Tricks

Beim Lernen sind vier Schritte wichtig: Wiederholen, Organisieren, Vertiefen und Bewerten. Hier bekommst du für jeden Lernschritt wichtige Tipps.

Wiederholen

Lernen bedeutet, dass neue Informationen in deinem Gehirn gespeichert werden. Dafür entstehen neue Nervenbahnen, die du dir wie Straßen vorstellen kannst. Du baust die Straßen, wenn du die Informationen wiederholst. Man schätzt, dass ein Inhalt sechsmal wiederholt werden muss, um gespeichert zu werden. Damit etwas für Monate oder Jahre in deinem Kopf bleibt, muss es ins Langzeitgedächtnis wandern. Zuerst ist deine Straße also nur eine Probestrecke. Damit dort für lange Zeit Autos fahren, muss sie oft benutzt werden. Sonst wird sie wieder gesperrt. In deinem Gehirn sitzt eine Art Verkehrsminister, der über viele Wochen die Autos zählt. Erst wenn der Straßenbau sich lohnt, schickt der Verkehrsminister den Antrag zum Straßenbau an das Langzeitgedächtnis. Das Langzeitgedächtnis stellt die Bauarbeiter an, um die Straße für viele Jahre sicher zu machen. Deshalb solltest du Informationen oft benutzen: nach einem Tag, einem Monat und einem Jahr. Nur so kannst du sicher sein, dass das Gelernte nicht irgendwann wieder aus deinem Kopf verschwindet. Die folgenden drei Tipps helfen dir, Lernstoff zu wiederholen.

1. **Spickzettel schreiben**
   Spicken heißt, dass du bei Tests die Lösung von einem Papier abschreibst! Wenn deine Lehrer dich dabei erwischen, bekommst du natürlich Ärger und spicken soll man auch nicht. Manche Schüler schreiben einen Spickzettel und merken dann bei dem Test, dass sie gar nicht mehr auf das Papier schauen müssen. Sie wissen, was draufsteht! Der Grund ist, dass sie beim Aufschreiben schon die Lösungen für den Test wiederholt haben. Spickzettel sind super zum Lernen von Vokabeln, Jahreszahlen oder Merksätzen. Schreib dir vor Tests viele solcher Zettel! Schreib die Informationen möglichst klein und kurz. Sprich die Lösung laut aus und lass dich von Freunden oder deinen Eltern abfragen. Nach ungefähr sechs Wiederholungen kannst du den Spickzettel wegwerfen. Jetzt ist alles in deinem Kopf!

2. **Kopfkino**
   Sprich die Namen und Vokabeln laut aus, die du dir nicht merken kannst. Zum Beispiel, wenn du englische Vokabeln lernst. Klingt snow nicht ein bisschen wie Klo? Und musst du bei dog an eine Bulldogge denken?
   Das englische Wort flower reimt sich auf Power, das Wort kennst du schon. Bei bread musst du immer an den Schauspieler Brad Pitt denken und bei cow an kauende Kühe. Verbinde die fünf Englisch-Vokabeln zu einer Geschichte:
   Es schneit auf dem Klo (snow) und plötzlich verwandeln sich alle Hunde auf der Welt in dicke Bulldoggen (dog). Die Bulldoggen essen Blumen, die ihnen Superpower (flower) geben. Da kommt Brad Pitt (bread), der ein Brot isst und aussieht wie eine kauende Kuh (cow).
   Und was passiert dann? Du bist beim Geschichtenerfinden bestimmt viel besser als ich! Schreib deine Geschichten auf und notiere an der Seite noch einmal alle Vokabeln, die du dir merken willst.

3. **Loci-Trick probieren!**
Mit diesem Trick haben schon vor 2000 Jahren Politiker im alten Griechenland ihre Reden gelernt. Es handelt sich bei dem Loci-Trick um echtes Profi-Wissen!
Das Wort „loci" kommt aus dem Lateinischen und bedeutet „Orte". Such dir zuerst einen Ort, den du sehr gut kennst: Das kann dein Kinderzimmer, die Küche, der Spielplatz oder dein Schulweg sein. Denk an zehn Dinge, die an diesem Ort liegen und gehe die Dinge in einer bestimmten Reihenfolge ab.
Zum Beispiel in der Küche: Kühlschrank, Kaffeemaschine, Ofen, Wasserkocher, Stehlampe, Basilikum, Stuhl, Spülmaschine, Besen, Mülleimer. Hast du es?
Jetzt gehst du in genau dieser Reihenfolge durch die Küche und legst an jeden Ort eine Information ab. Kleb am besten die Wörter und Sätze, die du lernen möchtest an die Gegenstände. Den Weg gehst du nun mindestens sechsmal ab und sagst immer, wenn du vor einem Ding stehst, das Wort oder den Satz. Wenn du am nächsten Tag in der Schule bist, musst du dir nur noch den Weg vorstellen. Schon hast du alle Informationen direkt parat.

Organisieren

Wo habe ich denn nur mein Deutschheft? Das Datum für die Mathearbeit habe ich doch irgendwo hingeschrieben. Warum find ich das denn jetzt nicht mehr? Vielleicht kennst du diesen Stress. Unordnung kann einem das Leben schwer machen: Ohne Ordnung kann es passieren, dass du zu viel auf einmal lernst, bis dein Kopf raucht. Oft lernst du dann auch auf den letzten Drücker. Um die ganzen Aufgaben in den Griff zu bekommen, helfen Organisations-Strategien. Mit diesen drei Tipps sparst du beim Lernen Zeit und bleibst immer entspannt.

1. **Lernplakate aufhängen!**
Am besten nimmst du dir ein großes DINA2-Blatt. Frag deine Eltern oder deinen Lehrer, ob sie eins hat. Du schreibst oben oder in die Mitte das Thema, das du lernen möchtest. Zum Beispiel: Geometrische Körper, Wort-arten oder die 16 Bundesländer und ihre Hauptstädte. Bestimmt hast du jetzt schon selbst Ideen, wie du das Plakat gestalten kannst. Oft sind Zeichnungen passend. Bei manchen Themen wie den Wortarten solltest du gute Beispiele finden. Arbeite immer mit verschiedenen Farben und schreibe dein Lernplakat nicht zu voll. Es sollte immer übersichtlich bleiben! Zum Schluss findest du in deinem Zimmer noch einen guten Platz, wo du dein Lernplakat aufhängst. Nun kannst du im Laufe des Tages immer mal wieder drauf schauen und dir alles laut vorsprechen. So wirst du bestimmt bald alles von dem Lernplakat wissen.

2. **Lernplan erstellen!**
Lernpläne funktionieren so ähnlich wie Wochenpläne. Oben in der ersten Zeile der Tabelle stehen die Wochentage. Notiere im Lernplan, wie viele Minuten du lernen möchtest und was du an dem Tag machst. Plane vor einer Klassenarbeit fünf Lerntage ein. Pro Tag solltest du nicht mehr als eine Stunde für die Arbeit lernen. Denk daran, dass du auch noch Hausaufgaben für die anderen Fächer erledigen musst. Und Zeit für Spaß und Ent-spannung brauchst du auch! Wenn du zum Beispiel am 17.09. eine Arbeit schreibst, beginnst du spätestens am 12.09. mit dem Lernen. Gibt es zwischen dem 12. und 17.09. einen Tag, an dem du nicht lernen kannst, beginnst du bereits am 11.09. Erstell dir so einen Lernplan und hänge ihn dir an deinem Schreibtisch auf.

3. **In fünf Schritten entspannt in die Klassenarbeit!**
Fünf Lerntage sind vor Klassenarbeiten am besten. Aber wo fängst du an?

Tag 1: Sammle aus Heften, Ordnern und Zetteln alles, was du zu dem Thema der Klassenarbeit in der Schule aufgeschrieben oder bekommen hast. Lies dir alles durch. Wenn du jetzt noch Zeit hast, sortierst du alles. Nicht alles ist wichtig. Besonders wichtige Informationen kannst du markieren oder schonmal in einem Lernplakat festhalten oder Spickzettel schreiben.
Tag 2: Kläre dazu all deine Fragen zum Thema. Es ist normal, wenn du nicht alles verstanden hast. Manchmal hat man es nicht so gut aufgeschrieben oder es ist schon ein paar Tage her. Du hast noch genug Zeit, Lehrer, Mitschüler oder Eltern zu fragen. Nutze auch Lern-Apps, Suchmaschine oder schau dir Erklärvideos zu dem Thema an.
Tag 3: Nun beginnt das Wiederholen des Lernstoffs. Ob Spickzettel, Lernplakat, Kopfkino oder Loci-Methode: Die Inhalte müssen jetzt in deinen Kopf. Denk daran, nach spätestens 25 Minuten eine 5-minütige Pause zu machen. Lies hierzu die Pausen-Tipps auf Seite 9 und die Wiederholungsstrategien auf Seite 14 und 15.
Tag 4: Erkläre und übe den Lernstoff. Zwei Tage vor der Klassenarbeit kannst du dich mit deinen Mitschülern treffen und die Themen der Klassenarbeit besprechen. Erkläre, was du schon weißt, und stelle Fragen, wenn du einige Dinge noch nicht ganz verstanden hast. Du kannst auch deine Eltern auf die Schulbank setzen und ihnen wie ein Lehrer eine kurze Schulstunde zum Thema geben. Besonders für den Matheunterricht bietet es sich an, noch mehr Übungen zu machen. Keine Panik! Wenn du auf Probleme stößt, kannst du am nächsten Tag immer noch bei deinem Lehrer nachfragen.
Tag 5: Wiederhole alles! Am letzten Tag vor der Klassenarbeit ist keine Zeit, dir noch mehr Wissen in den Kopf zu hämmern. Verlass dich auf alles, was du in den letzten Tagen gelernt hast! Du warst fleißig und das wird sich auszahlen. Das Wichtigste ist, dass du einen Tag vor der Klassenarbeit ausreichend Schlaf bekommst. Filme und Handy-Spiele sind nicht gut für deinen Schlaf! Hörspiele und Bücher (keine Schulbücher!) sind okay. Gehe früh und entspannt ins Bett. Und lass dich bloß nicht stressen: Du schaffst das!

Vertiefen

Die Klassenarbeit ist geschafft. Und nicht nur das: Du hast sogar eine gute Note bekommen. Nach einer Woche hast du schon wieder alles vergessen. Nicht schlimm, oder?
Das kommt darauf an ...
In vielen Fächern wiederholen sich die Themen. Die Wortarten in Deutsch solltest du auch im nächsten Schuljahr noch beherrschen. Vokabeln in Englisch darfst du auch nicht sofort wieder vergessen. Vielleicht wirst du auch einen Vortrag halten und bist Spezialist für ein Thema. In all diesen Fällen tauchst du ein bisschen tiefer in den Lernstoff ein. Du gehst also über das hinaus, was dir dein Lehrer zu dem Thema beigebracht hat. Mit diesen drei Tipps behältst du Lernstoff auch noch über die Klassenarbeit hinaus.

1. **Andere Schulbücher ausleihen!**
Das wird dich jetzt vielleicht schockieren: Aber es gibt nicht EIN Schulbuch, mit dem ALLE Schüler in GANZ

Deutschland ALLES lernen. Klar sind die Sachen, die in den Büchern stehen, ziemlich ähnlich. Aber eben nicht genau gleich. Es ist also gut möglich, dass das Buch, mit dem dein Lehrer arbeitet, nicht das Beste für dich ist. In der Stadtbibliothek findest du viele verschiedene Bücher. Vielleicht gibt es auch eine Bibliothek in deiner Schule. Geh mit einer Freundin oder mit deinen Eltern in die Bibliothek. Blättert gemeinsam durch die Bücher und lest andere Erklärungen zu bestimmten Themen. Oft wird mit anderen Worten eine Sache viel klarer.

2. **Podcasts hören!**
   Ich kann es nicht oft genug wiederholen. Aber deine Augen sind vom Schauen an die Tafel, auf den Bildschirm und ins Smartphone schon so müde. Da freuen sie sich auf eine Pause. Also, Augen zu und lauschen. Im Internet findest du Podcasts zu vielen Themen.

3. **Suchmaschinen benutzen!**
   Mein Physiklehrer hat immer gesagt: „Man muss nur wissen, wo es steht!" Damit meinte er bestimmt ein ordentliches Heft, aber auch die Möglichkeit, in Büchern nachzuschlagen. Heute gibt es Suchmaschinen! Vielleicht hast du deine Eltern schon einmal dabei erwischt, wie sie eine Antwort nicht wussten und in ihr Handy geschaut haben. Das sieht erst mal aus wie schummeln, aber „googeln" muss auch gelernt sein. Hier habe ich drei Such-Aufträge für dich:

   1. Wo steht der höchste Turm der Welt?

      Antwort: ____________________________

   2. Welcher ist der schnellste Zug der Welt?

      Antwort: ____________________________

   3. Wer hat sich schon mal 410 Wörter mit der Loci-Methode gemerkt?

      Antwort: ____________________________

   In der Gruppe könnt ihr das „Suchmaschinen-Spiel" spielen: Gebt zuerst eine Schätzung ab. Kontrolliert dann die Lösung mit einer Suchmaschine. Wer am nächsten an der Antwort ist, bekommt einen Punkt.

Bewerten

Jetzt kommen wir zur Königsdisziplin des Lernens: zum Bewerten. In diesem letzten Lernschritt bewertest du dein eigenes Lernen. Was hast du gut gemacht? Was kannst du besser machen? Um deinen Lernfortschritt immer im Blick zu haben, helfen dir die folgenden drei Tipps.

1. **Realistische Ziele setzen**
   Wenn du auf deinem Wochenplan oder im Lernvertrag ein Ziel überlegst, dann sei möglichst genau. Schreib nicht „Mathe lernen", sondern „Eine 2 in der nächsten Mathe-Arbeit schreiben". Nimm dir nicht vor, dich von einer Arbeit zur anderen um zwei oder drei Noten zu verbessern. Wenn du dich um eine Note verbesserst, ist das Grund genug, stolz zu sein. Falls du dich sogar um zwei Noten verbesserst, ist die Freude umso größer. Häng deine Ziele sichtbar auf.

2. **Erfolgstagebuch führen**
   In ein Erfolgstagebuch schreibst du jeden Tag, was du geschafft hast. Manchmal sind das ganz kleine Dinge. Vielleicht bist du in der Sportstunde am dritthöchsten gesprungen oder dein Deutschlehr hat eine Frage von dir gelobt. Es muss auch nicht immer mit der Schule zu tun haben. Hast du einen Tag ohne Süßigkeiten ausgehalten? Oder zwanzig Cent an einen Obdachlosen gespendet? Das alles gehört ins Erfolgstagebuch.

3. **Fragen notieren**
   Manchmal kannst oder möchtest du im Unterricht nicht alle Fragen stellen. Schreib dir während einer Schulstunde offene Fragen an den Rand. Frag später deine Lehrer oder Mitschüler. Du kannst die Antwort auch selbstständig mit Suchmaschinen im Internet finden.

Deutsch

Grammatik

Wortarten

Jedes Wort gehört zu einer Wortart. Es gibt insgesamt zehn Wortarten. Die folgenden fünf Wortarten solltest du in der 5. Klasse kennen:

Nomen (Namenwörter)

Nomen (Namenwörter) sind die häufigsten Wortarten. Nomen beginnen **mit einem Großbuchstaben** und besitzen normalerweise **einen Artikel** (Begleiter).
Die meisten Nomen sind Dinge, die du **riechen, hören, sehen, fühlen** oder **schmecken** kannst: der **Tiger**, ein **Haus**, die **Blume**, die **Kartoffel,** das **Konzert**
Sie können im Singular (Einzahl) oder im Plural (Mehrzahl) stehen: das Haus - die **Häuser**, eine Kartoffel – die **Kartoffeln**
Zwischen dem Artikel und dem Nomen **kann ein Adjektiv** (Wiewort) stehen: ein **großes** Haus, der **gefährliche** Tiger, das **laute** Konzert

Pronomen (Fürwörter)

Jedes **Nomen** (Namenwort) kann von einem **Pronomen** (Fürwort) ersetzt werden. Die wichtigsten zwei Arten von Pronomen sind:
1. **Personalpronomen** (persönliche Fürwörter): **ich, mich, mir, du, dich, dir, er, ihn, ihm, sie, ihr, es, wir, uns, ihr, euch, sie, ihnen, Sie, Ihnen**
2. **Possessivpronomen** (besitzanzeigende Fürwörter): **mein, dein, sein, ihr, unser, euer, Ihr**

Verben (Tunwörter)

Verben (Tunwörter) beschreiben, was **gemacht wird** oder was **passiert:** ich **lese**, du **telefonierst**, es **regnet**, er **kauft ein**
Jedes Verb (Tunwort) hat eine **Grundform** (Infinitiv) und eine **Personalform** (konjugierte Form). Die Grundform endet immer mit **-en** oder **-n**: les**en** (ich lese, du liest), tusche**ln** (ich tuschele, du tuschelst)
Manche Verben (Tunwörter) werden **getrennt: ein**kaufen – ich kaufe **ein**, du kaufst **ein**

Adjektive (Wiewörter)

Adjektive (Wiewörter) zeigen an, **wie** etwas ist. Sie können **hinter dem Nomen** (Namenwort) stehen: Das Haus ist **schön**. Die Übung fällt mir **leicht**. Das Bild hängt **schief**.
Wenn sie **vor dem Nomen** (Namenwörter) stehen, werden sie gebeugt (dekliniert). Sie bekommen dann eine Endung: Ein **schönes** Haus steht in unserer Straße.
Die meisten Adjektive (Wiewörter) haben eine **Grundstufe** (Positiv), eine **Höherstufe** (Komparativ) und eine **Höchststufe** (Superlativ). Sie können also gesteigert werden **(Steigerungsformen)**: schön – schön**er** – **am** schön**sten**

Konjunktionen (Bindewörter)

Konjunktionen (Bindewörter) **verbinden** zwei Sätze. Sie können **zwei Hauptsätze** verbinden. Im zweiten Hauptsatz können doppelte Wörter weggelassen werden: „Sara liest ein Buch **und** (Sara) hört Musik“ (auch so: oder, aber, sondern).

Konjunktionen (Bindewörter) können auch einen **Haupt- und einen Nebensatz** verbinden. Dann werden sie auch Subjunktionen genannt. Das konjugierte Verb steht im Nebensatz immer am Ende: „Anna isst ein Eis, **obwohl** es draußen schneit.“ (auch so: weil, ob, dass, wenn, nachdem, bevor, als, bis, während)

Nomen (Namenwörter)

1. In dem Text verstecken sich 25 verschiedene Nomen (Namenwörter). Unterstreiche diese!

Weihnachten ist in vielen Ländern der Welt das wichtigste Fest des Jahres. Traditionell wird es im Kreis der Familie gefeiert. Es gibt leckeres Essen, es werden Lieder gesungen und es gibt Geschenke. Doch nicht überall fi ndet die Bescherung wie in Deutschland am 24. Dezember statt. In Spanien müssen die Kinder bis zum 06. Januar auf ihre Geschenke warten. Ihre Wunschliste schreiben spanische Kinder auch nicht an den Weihnachts-mann, sondern an die Heiligen Drei Könige. Sie heißen Melchior, Casper und Balthasar.

2. Ordne alle Nomen (Namenwörter) aus dem Text im Singular (Einzahl) zu den richtigen Artikeln (Begleiter). Achtung! Fünf Nomen (Namenwörter) haben keinen Artikel (Begleiter) (-).

der: ______________________________

____

die: ____________________

____

das: ____________________

____

- : ____________________

____

Pronomen (Fürwörter)

1. Schreibe die passenden Pronomen (Fürwörter) in die Lücken.

dir – du – ihn – euer – deinem – seinen – wir – mein – deine – seine

Heute feiert Tim __________ 13. Geburtstag. Am Morgen warten __________ Eltern auf __________ und rufen: „Alles Gute zu __________ Geburtstag. Wir haben __________ einen Wunsch erfüllt. Endlich bekommst __________ ein eigenes Zimmer. Und damit nicht genug: Heute Abend kommen alle __________ Freunde zu Besuch und __________ gehen gemeinsam in __________ Lieblingsrestaurant." „Danke!", freut sich Tim: „Ich glaube, das wird __________ schönster Geburtstag."

Verben (Tunwörter)

1. Was tut das Kind auf dem Bild? Schreibe unter jedes Bild den passenden Infinitiv (Grundform).

__________ __________ __________ __________

2. Schreibe in die Lücken die Personalform (konjugierte Form) der Verben (Tunwörter).

Frau Schmidt _____________ (sein) 74 Jahre alt und _____________ (werden) leider immer vergesslicher. Ihre Tochter Annika _____________ (machen) sich Sorgen. Sie _____________ (besuchen) ihre Mutter zwar jedes Wochenende, aber Frau Schmidt _____________ (brauchen) zusätzliche Hilfe beim Einkaufen und Kochen. Annika _____________ (anrufen) einen Verein _____________, der in dieser Situation _____________ (helfen).

Adjektive (Wiewörter)

1. Unterstreiche alle Adjektive (Wiewörter)!

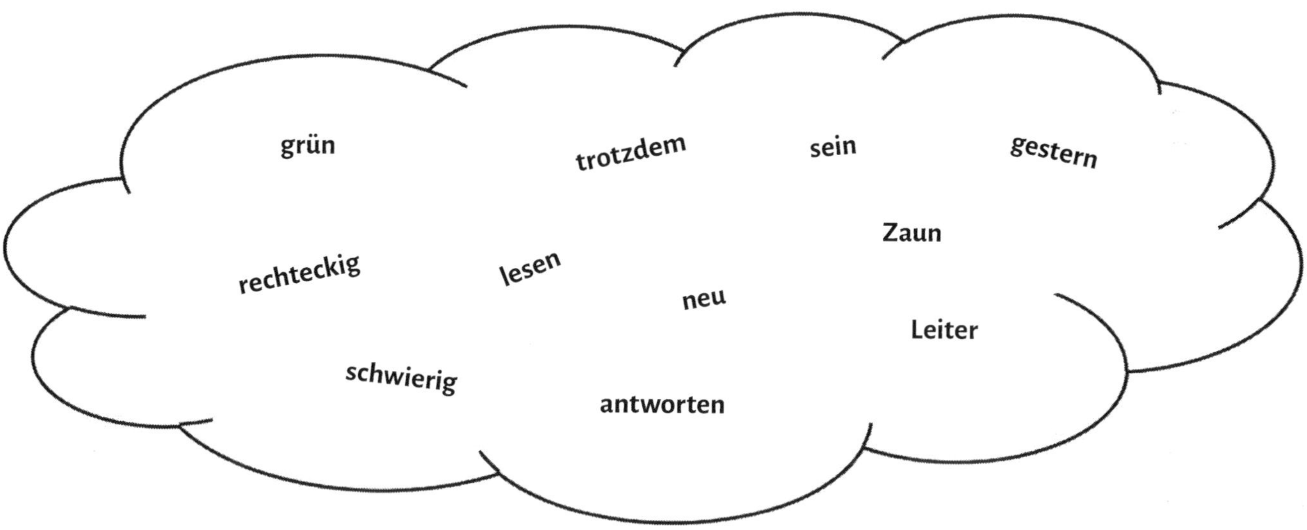

2. Ergänze die Steigerungsformen, die fehlen! Achte auf die richtige Schreibweise!

Grundstufe	Höherstufe	Höchststufe
	grauer	
		am stärksten
leise		
gut		
	lieber	

Konjunktionen (Bindewörter)

1. **Schreibe die passenden Konjunktionen (Bindewörter) in die Lücken.**

weil – aber – obwohl – ob – und – sondern

a) Sie schreibt morgen einen Test in Mathe ____________ in Englisch.

b) Er mag keine Zitronen, ____________ zu sauer sind.

c) Franziska mag Sport, ____________ im Volleyball ist sie nicht sehr gut.

d) Wir wollen keine Tomaten, ____________ Gurken in unserem Salat.

e) Er ist nicht sicher, ____________ er bis Montag alle Vokabeln kann.

f) Sie haben in Italien gelebt, ____________ sie die Sprache nicht sprechen.

Zeitformen des Verbs (Tunwort)

Lea **wohnte** bis vor einem Jahr in Hamburg. Jetzt **wohnt** sie in Dortmund. Ob sie auch nach der Schule in Dortmund **wohnen wird**, weiß sie heute noch nicht.

Wohnte, wohnt, wird wohnen – das sind drei verschiedene **Zeitformen des Verbs (Tunwort)** „wohnen". **„Wohnte" steht für Präteritum (1. Vergangenheit)**, **„wohnt" für Präsens (Gegenwart)** und **„wird wohnen" für Futur (Zukunft).** Es gibt auch noch **Perfekt (2. Vergangenheit)**. Das Präteritum benutzt man meistens beim Schreiben und das Perfekt beim Sprechen. Das Verb wird in jeder Zeitform anders konjugiert. Es verändert sich mit dem **Nomen (Lea)** oder **Personalpronomen (sie)**. Für jede Zeitform gibt es **Signalwörter** (früher, heute, später ...). Hier siehst du die Zeitformen und wann man sie benutzt:

früher, davor	**jetzt, jeden Tag, heute**	**später, morgen**
Präteritum (1.Vergangenheit) Das Ereignis ist abgeschlossen.	**Präsens(Gegenwart)** Das Ereignis findet gerade statt.	**Futur (Zukunft)** Das Ereignis wird später stattfinden.
Lea wohnte.	Lea wohnt.	Lea wird wohnen.

Perfekt (2. Vergangenheit):
Das Ereignis wirkt in die Gegenwart.

Lea hat gewohnt.

Zeitformen

1. **Schreibe hinter jeden Satz, welche Zeitform benutzt wurde.**

   a) Er hat gekauft. - ______________________

   b) Wir werden fliegen. - ______________________

   c) Sie las das in der Zeitung. - ______________________

Präsens (Gegenwart)

1. Ergänze die Personalform (konjugierte Form) des Verbs im Präsens.

a) fotografieren (3. Person Singular) - ____________________.

b) lesen (2. Person Plural) - ____________________.

c) wissen (3. Person Plural) - ____________________.

d) sich anziehen (2. Person Singular) - ____________________.

Präteritum (1. Vergangenheit)

1. Unterstreiche alle Präteritum-Formen.

Als Herr Montag an diesem Mittwoch zur Arbeit ging, war er sehr überrascht. Warum saßen seine Kollegen nicht an ihren Arbeitsplätzen? Er schaute in seinen Kalender: Nein, der Plan zeigte keinen Feiertag. Es handelte sich bei dem heutigen Tag eindeutig um einen Wochentag. Und ein Ausflug oder ein Gespräch stand auch nicht in seinem Kalender.

2. Schreibe die Geschichte im Präsens.

Perfekt (2. Vergangenheit)

1. **Hier haben sich einige Fehler eingeschlichen. Korrigiere wie im Beispiel!**

Ich habe gestern ~~gelest~~ ___*gelesen*___, dass Madrid die Hauptstadt von Spanien ist. Vorher habe ich (gedenkt) _____________, Barcelona ist die Hauptstadt. Ich (habe) ___________ aber auch noch nie in Spanien gewesen. Dabei habe ich mir schon so lange von meinen Eltern (wünschen)________________, dass wir einmal in Spanien Urlaub machen.

2. **Setze die richtige Perfektform ein.**

Als sie endlich ins Café kam, ________________ er schon eine Stunde auf sie ________________ (warten). Er ________________ ihr schon so oft ________________ (sagen), dass sie pünktlicher kommen soll. Doch sie ________________ es immer noch nicht __________________ (verstehen). Sie sagte: „Tut mir leid, Fritz. Erst ________________ ich meine Geldtasche zu Hause vergessen. Dann konnte ich den Autoschlüssel nicht finden. Sei nicht böse!". Und ob Fritz böse war! Das war das letzte Mal, dass er sich mit ihr ________________ ________________ (verabreden).

Futur (Zukunft)

1. **Unterstreiche alle Signalwörter für Futur (Zukunft).**

jeden Tag
vor einer Woche
in einer Woche
davor
gestern
morgen
jetzt
später
nächsten Montag

2. Wähle das richtige Verb (Wiewort) und setze es als Futur-Form (Zukunftsformen) in die Lücken ein.

leben – einkaufen – lernen – erledigen – gehen – sein – geben – bewegen

Wie ________________ die Menschen in 100 Jahren ________________? ________________ es noch Autos ________________? ________________ Kinder noch zur Schule ________________, oder ________________ sie zu Hause vor ihren Computern ________________? Ich kann mir vorstellen, dass die Menschen sich in der Zukunft weniger ________________ ________________. Maschinen ________________ für sie ________________ und ihre Arbeit ________________. Hoffentlich ________________ ich in 100 Jahren noch da ________________, um das alles zu erleben.

Die vier Fälle

Im Deutschen gibt es **vier Fälle des Nomens** (Namenwort). In jedem Fall ändert sich der **Artikel** (Begleiter). Es gibt: der Junge, des Jungen, dem Jungen und den Jungen. Der Fall zeigt, wie das **Nomen** (Namenwort) zu dem **Verb** (Tunwort) steht: Tut das Nomen etwas? Oder wird mit ihm etwas getan?

Name	**Frage**	**Beispiel**
1. Fall: Nominativ	Wer oder was?	Der Junge kauft ein Eis. – Wer? **Der Junge.**
2. Fall: Genitiv	Wessen?	Das Eis des Jungen fällt aus der Waffel. – Wessen Eis? **Des Jungen.**
3. Fall: Dativ	Wem?	Der Junge gibt die Waffel seinem Freund. – Wem? **Seinem Freund.**
4. Fall: Akkusativ	Wen oder was?	Der Freund trifft seine Mutter an der Bushaltestelle. – Wen? **Seine Mutter.**

Nominativ

1. Unterstreiche alle Nomen im 1. Fall (Nominativ). Achtung! Der Nominativ muss nicht immer am Satzanfang stehen.

Mit ihrem Bruder hat meine Freundin das letzte Mal vor sechs Jahren gesprochen. Warum ihr Bruder sie nie angerufen hat, weiß sie auch nicht. Schlimme Sachen sind eigentlich nicht zwischen ihnen passiert. Gestern haben sich die Geschwister dann vor dem Einkaufszentrum getroffen. Zuerst war der Bruder etwas schüchtern. Aber dann haben meine Freundin und ihr Bruder sich versprochen, wieder mehr Kontakt zu haben.

Genitiv

1. Schreib die durchgestrichenen Wörter als Genitiv. Achtung! Manchmal verändert sich der Artikel!

Der Bruder ~~von meiner Freundin~~ ________________________________ heißt Karl. Die Eltern ~~von den Geschwistern~~ _________________________________ heißen Ingrid und Lutz. Ingrid und Lutz sind getrennt. Meine Freundin wohnt mit ihrer Mutter in der Wohnung ~~von ihrem neuen Freund~~ ___________________________________ _____ und Karl wohnt bei Lutz. Der neue Freund ~~von ihrer Mutter~~ ___________________________ hat auch eine Tochter. Sie heißt Annika. Meine Freundin hat also eine Halbschwester.

Dativ

1. Was fehlt hier? Ergänze die richtige Endung.

a) Ich gehe morgen mit meine___ Freunde____ ins Kino.

b) Silvia kauft ihr_____ Vater ein Geburtstagsgeschenk.

c) Von ihr_____ Schwester hat sie letztes Jahr einen Pullover geschenkt bekommen.

Akkusativ

1. Wie verändern sich die Artikel (Begleiter) in den vier Fällen? Ergänze alle Endungen. Vergleiche Nominativ und Akkusativ: Was ist anders? Markiere!

	Nominativ	**Genitiv**	**Dativ**	**Akkusativ**
männlich	der Mann	d___ Mann___	d___ Mann	d___ Mann
weiblich	die Frau	d___ Frau	d___ Frau	d___ Frau
neutral	das Kind	d___ Kind___	d___ Kind	d___ Kind
Plural	die Kinder	d___ Kinder	d___ Kinder__	d___ Kind

Satzglieder

Damit ein Satz komplett ist, braucht es mindestens ein **Subjekt** und ein **Prädikat**. Zum Beispiel: Ich koche. Satzglieder geben dir wichtige Informationen: Was wird gemacht? Wer macht es? Oft möchtest du aber noch mehr Informationen geben. Zum Beispiel: Was wird gekocht? Wann? Und wo? Dann brauchst du weitere Satzglieder. Hier siehst du die wichtigsten Satzglieder und wann sie benutzt werden:

Subjekt: Wer? oder was?:

Der Nominativ (1. Fall) im Satz ist das Subjekt. Oft ist das Subjekt eine Person. Das Subjekt handelt im Satz. Meistens ist es ein Nomen (Namenwort) oder ein Pronomen (Fürwort). Es kann mit einem Adjektiv (Wiewort) stehen. Das Verb (Tunwort) bezieht sich auf das Subjekt und wird nach dem Subjekt gebeugt:
z.B.: Die Mutter kauft ein Eis. **Wer kauft?** Die Mutter.

Das Subjekt steht in der **dritten Person Singular (**Einzahl), deshalb steht auch das **Verb** in der **dritten Person Singular**.

Prädikat: Was wird gemacht? Was passiert?

Das **Verb** im Satz ist das **Prädikat**. Anders als das Verb kann ein Prädikat **aus mehreren Wörtern** bestehen.
Peter **möchte** ins Kino **gehen**.
„möchten" und „gehen" sind **Verben**, aber „möchte ... gehen" ist ein **Prädikat**. Der erste Teil des Prädikats steht **im Hauptsatz an zweiter Stelle und** der zweite Teil **am Satzende. Im Nebensatz** steht das Prädikat immer **am Satzende.**
Peter hat gesagt, dass er ins Kino **gehen möchte**.

Objekt: Wem? Wen? Was?

Der Dativ (3. Fall) oder Akkusativ (4. Fall) im Satz ist das **Objekt**. Die meisten **Verben** stehen mit einem **Akkusativ-Objekt**. Das Akkusativ-Objekt ist meistens **eine Sache, mit dem das Subjekt etwas macht**. Wenn es ein Dativ-Objekt gibt, dann ist es meistens **eine Person, die etwas bekommt.**
Die Mutter kauft **dem Sohn ein Eis**. **Was** kauft die Mutter? Ein Eis (Akkusativ). **Wem** kauft die Mutter ein Eis? Dem Sohn (Dativ).
Ortsangabe (Lokaladverbial): **Wo? Wohin? Woher?**
Ortsangaben stehen oft mit einer **Präposition** (Bezugswort) und dürfen von diesem nicht getrennt werde:
Peter geht **ins Kino**.
Ortsangaben stehen meistens am Ende des Satzes.
Zeitangabe (Temporaladverbiale): **Wann?**

Zeitangaben stehen oft mit einer **Präposition** und dürfen von dieser nicht getrennt werden. **Vor einem Jahr** war Artur noch zehn Zentimeter kleiner.
Zeitangaben stehen meistens am Satzanfang.

Proben

Du kannst zwei **Proben** anwenden, um herauszufinden, ob es sich um ein Satzglied handelt. Bei der **Verschiebeprobe** kontrollierst du, welche Teile eines Satzes sich verschieben lassen.

Das Haus	**steht**	**an der Ecke.**

Du siehst, dass du das **Subjekt (das Haus)** und die **Ortsergänzung (an der Ecke)** in diesem Satz nur im Block verschieben kannst.

An der Ecke	**steht**	**das Haus.**

Als zweites kannst du die **Ersatzprobe** verwenden. Welche Satzteile lassen sich austauschen?

Das Auto	**parkt**	**vor dem Haus.**

Du siehst, dass sich **Subjekt**, **Prädikat** und **Ortsergänzung** durch andere Informationen ersetzen lassen. Die Blöcke bestehen trotzdem immer aus den gleichen Bausteinen, die nicht voneinander getrennt werden dürfen.

Satzglieder umstellen

1. Kreise die Satzglieder ein.

Tobias kauft seinem Vater im Einkaufszentrum eine neue Uhr.

2. Stelle den Satz aus Aufgabe 1 um.

a) ____

____

b) ____

____

____

c) ______________________________

____

d) ______________________________

____

e) ______________________________

____

Subjekt

1. Unterstreiche die Subjekte.

a) Ich frage meine Lehrerin.

b) Die Lehrerin antwortet mir.

c) Der rote Stift schreibt nicht.

d) Vor der Schule steht ein neues Klettergerüst.

2. Wer oder was? Schreibe hinter jeden Satz aus Aufgabe 1 die passende Frage.

Beispiel:

a) Ich frage meine Lehrerin. → Wer fragt meine Lehrerin?

b) ______________________________.

c) ______________________________.

d) ______________________________

e) ______________________________.

Prädikat

1. **Unterstreiche die Prädikate.**

   a) Mein Vater hat sich gestern eine neue Brille gekauft.

   b) Er möchte für die Klassenarbeit lernen.

   c) Anna isst seit gestern kein Fleisch mehr.

   d) Die Schule wurde vor 80 Jahren gebaut.

2. **Mach aus den Hauptsätzen aus Aufgabe 1 Nebensätze wie in a). (Falls du dir nicht sicher bist, wie Nebensätze funktionieren, hilft der Merkkasten auf Seite 22 zu Konjunktionen (Bindewörtern).**

   a) Ich weiß, dass *mein Vater sich gestern eine neue Brille gekauft hat.*

   b) Er kommt morgen nicht, weil ______________________________

   ______________________________.

   c) Ich frage mich, ob ______________________________

   ______________________________.

   d) Sie glaubt nicht, dass ______________________________

   ______________________________.

Objekt

1. **Unterstreiche die Objekte.**

   a) Wo hast du eigentlich deine blaue Tasche gekauft?

   b) Wir haben dem Jungen 50 Cent gegeben.

   c) Lea hatte keine Lust, die Englischvokabeln zu lernen.

2. **Dativ- oder Akkusativobjekt? Sortiere die Objekte aus Aufgabe 1 in die Tabelle.**

Dativobjekt	Akkusativobjekt

Subjekt, Prädikat, Objekt

1. **Unterstreiche in dem Satz Subjekt (rot), Prädikat (blau), Akkusativ-Objekt (grün) und Dativ-Objekt (gelb).**

   In den Sommerferien haben Leos Eltern ihm ein Baumhaus gebaut.

Orts- und Zeitangaben

1. **Unterstreiche Ortsangaben und umkreise die Zeitangaben.**

   a) Seit zwei Stunden warte ich an der Bushaltestelle.

   b) Gibt es in eurem Auto keine Klimaanlage?

   c) Mir gefällt der neue Sportplatz an der Kreuzung nicht sehr.

   d) Wenn du willst, können wir morgen Fußballspielen gehen.

2. **Ersetze die Orts- und Zeitangaben aus Aufgabe 1.**

   a) Seit ________________________ warte ich auf den Zug.

   b) Gibt es ______________________________ keine Klimaanlage?

   c) Mir gefällt der neue Sportplatz ______________________________ nicht sehr.

   d) Wenn du willst, können wir _________________________ Fußballspielen gehen.

Teste dich (Grammatik)

1. Schreibe das Gegenteil.

a) leise - ______________________________ c) langsam - ______________________________

b) hoch - ______________________________ d) schwarz - ______________________________

(/4)

2. Ergänze das richtige Wort.

oder – Ihnen – aufmerksam – suchen – ein Buch

Linda geht in einen Buchladen. „Guten Tag, kann ich ____________________ helfen? Sie sehen so aus, als ob sie etwas ____________________.", begrüßt sie die Verkäuferin. „Ja", antwortet Linda, „Das ist wirklich sehr ____________________ von Ihnen. Ich suche ____________________ für meine Mutter." Die Verkäuferin überlegt kurz: „Mag Ihre Mutter Krimis ____________________ liest sie lieber aktuelle Literatur?" Linda antwortet: „Ich glaube, dass sie am liebsten Klassiker liest." Die Verkäuferin lächelt: „Dann habe ich etwas für Sie."

(/5)

3. Schreibe hinter die Verben (Wiewörter) den Namen der Zeitform.

a) Franz lernte. - ______________________________. c) Jonas wird lernen. - ______________________________.

b) Isabell lernt. - ______________________________. d) Hanna hat gelernt. -______________________.

4. Unterstreiche in der Wortwolke alle Verben (Wiewörter) im Präteritum.

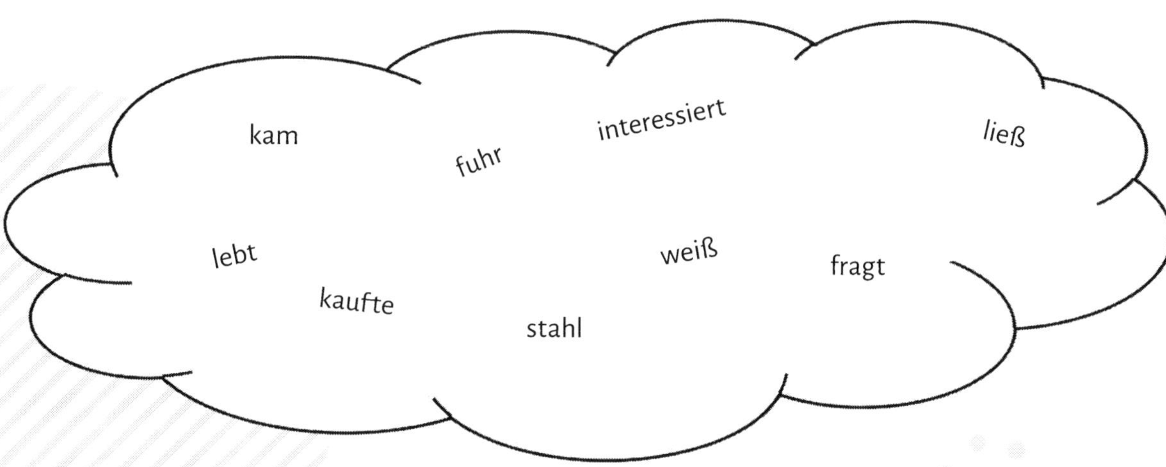

(/4)

5. Schreibe hinten das Nomen (Namenwort) den Namen des Falls.

a) einem Schüler - ___________________

b) den Schüler - ______________________

c) meines Schülers - __________________

d) der Schüler - ______________________

(/4)

6. Hier stimmt etwas nicht. Ergänze die Endungen. Achtung! Manchmal brauchst du keine Endung.

Gestern wollte Anna mit ihr___ Freund ins Kino gehen: „Wollen wir heute Abend i___ Kino ein___ Film sehen, Liebling?" Ihr Freund war einverstanden. Sie suchten auf ein___ Homepage mit Kinotipps nach ein___ Film, den sie beide mögen. Anna wollte ein___ Komödie ansehen, aber ihr___ Freund mag lieber richtig___ Actionfilme. Am Ende haben sie sich sogar gestritten und Anna ist allein ins Kino gegangen.

(/4)

7. Schreibe das richtige Fragewort.

a) in der Straßenbahn - __________________

b) meinem Vater - ______________________

c) deinen Bruder - ______________________

d) Um 14 Uhr - _________________________

e) sein Haus - __________________________

f) eines Freundes - ______________________

(/6)

8. Kreise die Satzglieder ein.

Das Licht am Ende des Tunnels blendete sie.

(/4)

9. Ordne die Satzglieder neu an.

a) ______________________________________.

b) ______________________________________.

c) ______________________________________.

(/6)

Rechtschreibung

Groß- und Kleinschreibung

Die meisten Wörter schreibst du klein. In diesen Fällen schreibst du sie jedoch groß:

groß	**Beispiel**
Am Satzanfang	**I**ch esse kein Fleisch.
Eigennamen (Personen, Städte, Länder, Firmen)	Er zieht nächstes Jahr nach **S**panien, um für **M**ercedes zu arbeiten.
Nomen (Namenwörter)	Er liest ein **B**uch.
Zusammengesetzte Wörter (wenn das zweite Wort ein Nomen ist)	Die neue **W**andfarbe ist wirklich farbenfroh.
Förmliche Anrede (Sie, Ihnen)	Haben **S**ie das Buch gelesen? Wie hat es **I**hnen gefallen?
Verben zu Nomen (Namenwörter)	Der **L**esende schreibt bessere Noten in Deutsch.
Adjektive zu Nomen (Namenwörter)	Der **B**essere gewinnt.

1. **Finde den Satzanfang. Unterstreiche die Buchstaben, die großgeschrieben werden müssen und setze Punkte am Satzende.**

Anton hat gewusst, dass dieser Tag schwierig werden würde, seit er seinen Wochenplan vorbereitet hatte er hätte mit der Vorbereitung einfach früher anfangen müssen jetzt ist es zu spät er muss diese Woche drei Klassenarbeiten und zwei Tests schreiben so ein Schlamassel!

2. **Welche zusammengesetzten Wörter werden großgeschrieben? Achte darauf, aus welchen Wortarten (Nomen, Verb, Adjektiv) die Wörter zusammengesetzt sind und schreibe sie richtig an die dazugehörige Stelle in die Tabelle.**

nagelneu - hochhaus – haushoch – schlafwandeln – liegestuhl – blitzschnell – eislaufen

Nomen + Adjektiv = Adjektiv	**Adjektiv + Nomen = Nomen**	**Verb + Nomen = Nomen**	**Nomen + Verb = Verb**

3. Unterstreiche in der förmlichen E-Mail alle Buchstaben, die großgeschrieben werden müssen.

„Sehr geehrte Frau Schwarzer,
vor sechs Tagen haben wir ihre Kündigung erhalten. Wenn sie kein Interesse mehr an ihrem alten Handyvertrag haben, möchten wir ihnen ein neues Angebot machen. Mit der Flatrate 3000 surfen sie doppelt so schnell wie früher und zahlen nur den halben Preis. Natürlich können sie den Handyvertrag jederzeit kündigen. Wenn wir ihr Interesse geweckt haben, dann freuen wir uns bis zum 16.09. auf ihre positive Antwort."

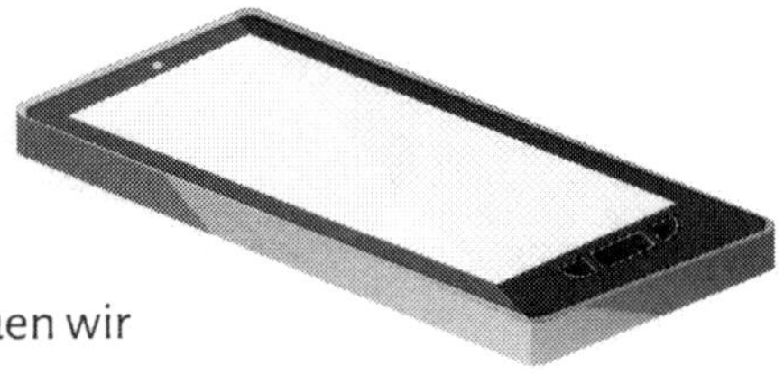

4. Unterstreiche alle Nomen (Namenwörter), die von Adjektiven (Wiewörter) oder Verben (Tunwörter) stammen.

Mein Liebster,
ich wünsche dir alles Gute zu deinem 12. Geburtstag. Die Zwölf ist für mich etwas ganz Besonderes. Wusstest du, dass die Zahl für Einheit und Vollkommenheit steht? Deine Mama hat mir gesagt, dass dir das Schwimmen immer noch so viel Freude bereitet. Deshalb schicke ich dir mit diesem Brief eine Jahreskarte für die Schwimmhalle.

Viele Küsse
von deiner Oma Sibylle

5. Ordne die unterstrichenen Nomen (Namenwörter) aus Aufgabe 5 in die Tabelle ein und schreibe die passenden Adjektive oder Verben dazu.

Nomen	Adjektiv / Verb

6. Schreibe den Text richtig in dein Heft.

an diesem tag im juli war es besonders heiß. bereits am morgen fiel das atmen schwer. "können sie heute den unterricht nicht früher beenden?", fragte der kleine sven seine lehrerin. zuerst war es im klassenzimmer mucksmäuschenstill. dann hörte man ein schnaufen und stöhnen. alle kinder wollten gern nach hause gehen. "bitte, liebe lehrerin", riefen die kinder, "wir werden es ihnen danken." zum glück hatte die lehrerin erbarmen und beendete den unterricht früher als normalerweise

Konsonanten

Du weißt schon, dass jedes Wort aus **Vokalen (a, e, i, o, u)**, **Umlauten (ä, ö, ü)** und **Konsonanten (k, l, m, p ...)** besteht. Vielleicht kennst du Vokale und Konsonanten auch unter den Begriffen Selbstlaute und Mitlaute. Es gibt im Alphabet am meisten Konsonanten (Mitlaute) und oft werden sie ziemlich ähnlich oder genau gleich ausgesprochen.

Die Wörter „viel" und „fiel" beginnen zum Beispiel beide mit einem **„F-Laut"**, aber nur das Präteritum von fallen (fiel) wird mit „f" geschrieben. Und die Wörter **„Fuchs"** und **„Keks"** enden beide mit einem **„ks"-Laut**, aber nur **Keks** wird auch wirklich mit **„ks"** geschrieben. Ziemlich kompliziert! Lerne deshalb am besten die folgenden Hilfestellungen auswendig.

	Schwierigkeit	Hilfestellung
Doppelkonsonanten	Du kannst nur die Konsonanten **b, d, f, g, l, m, n, p, r, s und t** verdoppeln	mu**ss** – Mus, o**ff**en – Ofen Doppelkonsonanten stehen **hinter kurzen Vokalen**. Sprich das Wort laut, um zu wissen, ob es mit einem Konsonanten (langer Vokal) oder zwei Konsonanten (kurzer Vokal) gesprochen wird.
b/p, d/t, g/k	Die Buchstaben **b und p, d und t und g und k** kannst du schnell mal verwechselt.	klu**g** – klü**g**er, le**b** – le**b**en Viele Wörter enden auf b, p, d, t, g oder k. Dann kannst du die **Verlängerungsprobe** machen. Bilde den Plural des No-mens, die Grundform des Verbs oder die Steigerung des Adjektivs und sprich das Wort laut. Nun hörst du besser, welchen Konsonanten du schreiben musst.
ss oder ß	ss und ß werden beide gleich gesprochen, nämlich wie ein **scharfes s.**	la**ss,** Ki**ss**en, sto**ß**en, Fu**ß**ball Du benutzt "ss" **nach einem kurzen Vokal** und "ß" nach einem langen Vokal. fl**ei**ßig, fl**ie**ßen Sprich das Wort laut aus, um zu wissen, welchen Konsonanten du benutzen musst. **Achtung!** Auch „ei" und „ie" zählen als lange Vokale!

ks-Laut	Wörter mit einem ks-Laut können auf fünf Arten geschrieben werden: **ks, x, cks, chs, gs.**	Fu**ch**s, Da**ch**s, La**ch**s, Eide**ch**se **Alle Tiere** mit ks-Laut werden mit chs geschrieben. **X**ylophon, **X**anthippe Alle Wörter, die **mit einem ks-Laut beginnen**, sind griechisch und werden mit X geschrieben. Le**x**ikon, Mi**x**er Alle anderen Wörter mit X sind auch meistens Fremdwörter. län**gs** – lang, Glü**cks**keks – Glück Bei vielen anderen Wörtern hilft es, **den Wortstamm** zu finden.
v oder f	v kann **wie ein f oder wie ein w** gesprochen werden.	**V**ase, **V**ampir, Uni**v**ersität Wörter, die **wie "w" gesprochen** werden, aber mit "v" geschrieben werden, sind meistens Fremdwörter. **ver**ändern, **vor**schlagen Wörter **mit ver- und vor-** werden immer mit v geschrieben. akt**iv**, intens**iv**, Detekt**iv** Wörter, die auf **-iv** enden sind Fremdwörter und werden mit v geschrieben.

Doppelkonsonanten

1. **Schreibe die Wörter aus der Wolke bei denen ein Doppelkonsonant fehlt, richtig auf.**

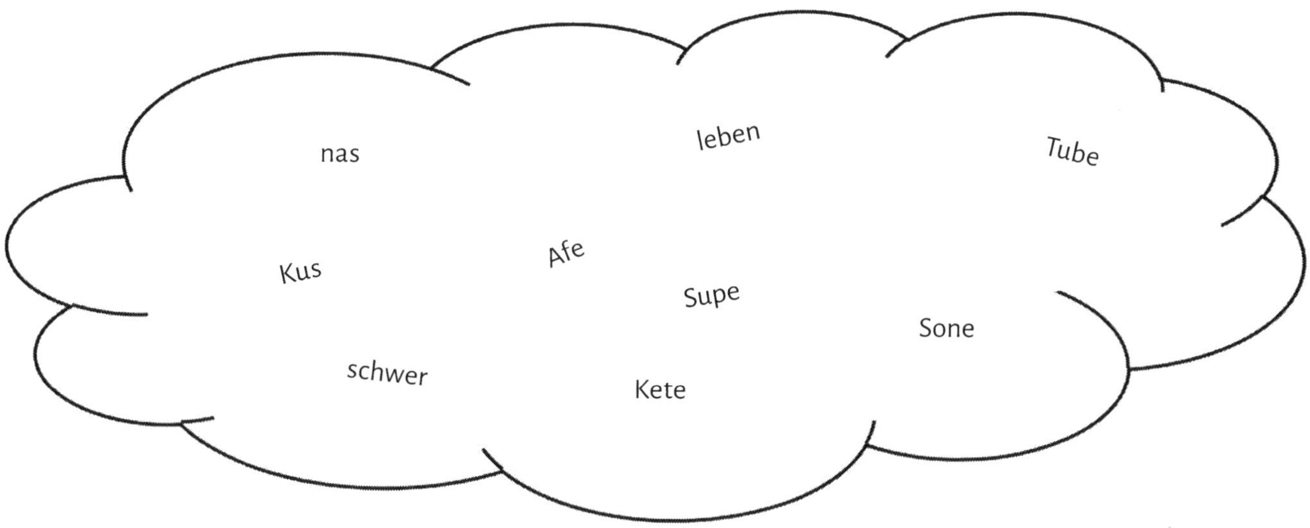

___

___

___

B/P, D/T, G/K

1. **Hier haben sich einige Fehler eingeschlichen. Unterstreiche die falsch geschriebenen Wörter.**

   Mein großer Bruder ist ziemlich kluk. Er had schon viele Bücher gelesen, liept die Schule und spricht schon seid der dritten Klasse drei Fremdsprachen. Später wirt er bestimmt studieren.

2. **Schreib jedes Wort, das du in Aufgabe 1 unterstrichen hast, richtig.**

___

___

___

ss Oder ß

1. **In diesem Wortgitter verstecken sich waagerecht (von links nach rechts) und senkrecht (von oben nach unten) 8 Wörter mit "ss". Markiere sie.**

H	P	S	T	F	M	I	C	F	F
S	T	R	A	S	S	E	L	T	L
X	T	V	J	M	R	L	J	Q	E
P	G	R	U	S	S	I	R	V	I
I	T	K	L	A	S	S	E	K	S
N	B	Y	G	J	D	Y	S	S	S
F	U	S	S	B	A	L	L	O	I
A	T	P	A	S	S	H	T	S	G
O	R	I	G	R	O	S	S	S	O
V	F	N	X	E	N	A	K	E	Q

ks-Laute

1. **In diesem Text versteckt sich je ein Wort mit ks, x, cks, chs und gs. Ergänze!**

Neuerdin_____ habe ich total oft Lust auf Ke_____e. Gestern bin ich e____tra in den Supermarkt gegangen, um mir eine Packung zu kaufen. Danach lief ich schnurstra_____ nach Hause und habe sie alle aufgegessen. Das geht natürlich nicht jeden Tag. Aber nä_____te Woche mache ich das wieder.

f oder v

1. Unterstreiche in der Wortwolke alle Fremdwörter.

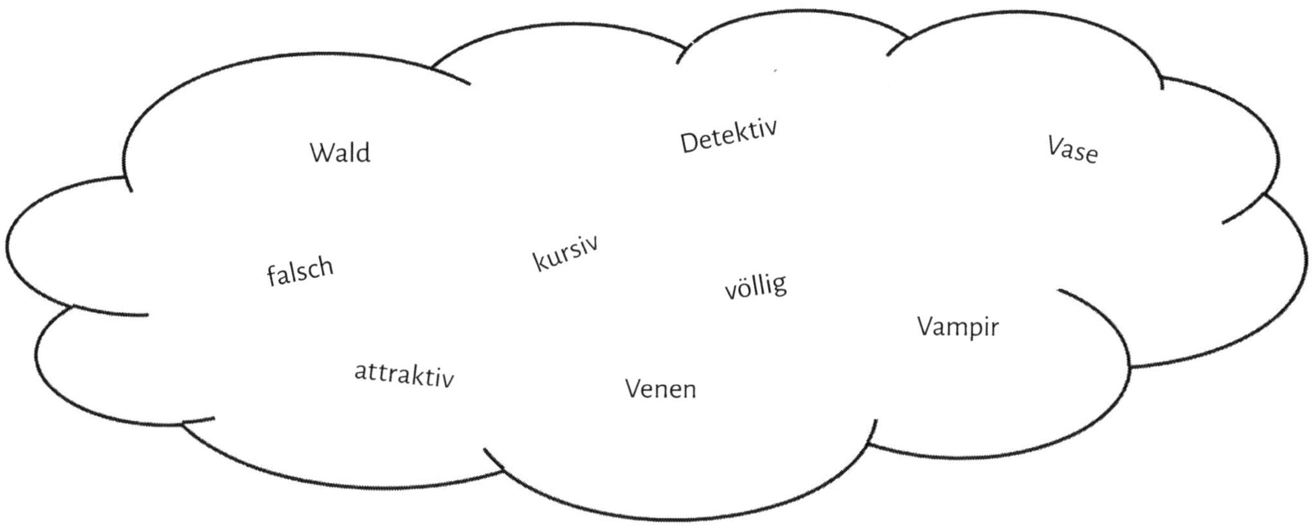

2. Setze die Fremdwörter aus Aufgabe 1 in die richtigen Lücken ein.

a) Jeder Mensch hat Adern und ________________.

b) Sherlock Holmes war ein ________________.

c) Viele Menschen finden Humor ________________.

d) Dieser Satz ist ________________ geschrieben.

e) Die Blumen stelle ich am besten in eine ________________.

f) Ein ________________ darf nicht ins Sonnenlicht und trinkt Blut.

Zeichensetzung

Möchtest du eine Person bitten, auffordern oder ihr eine Frage stellen? Die Bedeutung von Sätzen verändert sich mit den **Satzzeichen**.

Satzabschlusszeichen beenden eine **Sinneinheit**. Eine Sinneinheit erkennst du daran, dass alles genannt wurde, was zu einem **Prädikat** gehört. „Ich kaufe ein Brot.“, ist eine Sinneinheit. „Ich kaufe ein.“, ist auch eine Sinneinheit. Aber „Ich kaufe“, ist keine Sinneinheit. Hier fehlt ein Wort.

Punkt → .
Den Punkt benutzt du **für Aussagen.** Das **Verb** steht **an zweiter Stelle.**
→ Ich gehe einkaufen.

Fragezeichen → ?
Das Fragezeichen benutzt du **für Ja/Nein-Fragen.** Das **Verb** steht **am Satzende.**
→ Gehst du einkaufen?
Fragezeichen benutzt du auch für **W-Fragen**. Das Verb steht jetzt **an zweiter Stelle**
→ Wann gehst du einkaufen?

Ausrufezeichen → !
Das Ausrufezeichen verwendest du oft für **Aufforderungen und Bitten**.
Dafür benutzt du den **Imperativ (Befehlsform)**.
→ Geh einkaufen! Sag mir bitte Bescheid! Lass mich bitte arbeiten.
Das Ausrufezeichen benutzt du auch **für Ausrufe.** → Nein! Ach! Sicher! Aha!
Bei Anreden benutzt man ebenfalls Ausrufezeichen. → Hallo Thomas! Liebe Mama!

Satzzeichen in der Mitte von Sätzen

Komma → ,
Das Komma benutzt du **bei Aufzählungen.** → Ich kaufe Brot, Eier und Milch.
Kommas benutzt du auch, um Nebensätze einzuleiten→ Ich kaufe Brot**,** weil wir keins mehr haben.

Doppelpunkt → :
Der Doppelpunkt steht **vor einer Aufzählung**. Wenn es sich nicht um ein Nomen handelt, wird das erste Wort der Aufzählung kleingeschrieben.
→ Das brauche ich für den ersten Schultag: drei Hefte, Geodreieck, Buntstifte.
Der Doppelpunkt steht auch **vor einer wörtlichen Rede.** Das erste Wort der wörtlichen Rede wird großgeschrieben.

→ Sie sagt: „Ich brauche kein Brot."

Anführungszeichen → „"
Anführungszeichen werden **für Zitate** benutzt.
→ „Wo viel Licht ist, ist auch viel Schatten." (Johann Wolfgang Goethe)
Anführungszeichen werden auch **für die wörtliche Rede** benutzt. Dabei stehen nach einem Doppelpunkt die Anführungszeichen unten und hinter dem Satzabschlusszeichen oben.

Satzabschlusszeichen

1. **Ergänze die richtigen Satzabschlusszeichen (.?!).**

So ein Ärger Franziska hatte die ganze Zeit daran gedacht und es dann doch vergessen Oder war Leons Geburtstag erst morgen Vorsichtshalber rief sie ihre Schwester an Die Schwester bestätigte, dass morgen Leons Geburtstag war Gott sei Dank

2. **Lies die Fortsetzung des ersten Textes. Ergänze Satzabschlusszeichen und Kommas.**

Schnell lief Franziska nach Hause um die Geschenke für ihren Neffen einzupacken Sie hatte zu seinem sechsten Geburtstag in einem Spielzeuggeschäft im Stadtzentrum eine Postkarte einen lustigen Stift und einen Kran zum Zusammenbauen gekauft Ob ihm ihre Geschenke gefielen

3. **Lies den dritten Teil des Textes. Ergänze Satzabschlusszeichen, Kommas, Doppelpunkte und Anführungszeichen.**

Franziska klingelte bei ihrer Schwester Leon öffnete die Tür und sagte Hallo Sie drückte ihren Neffen und überreichte die Geschenke Alles Gute zum Geburtstag Dann gingen sie in das Wohnzimmer Was hast du noch geschenkt bekommen Ihr Neffe antwortete Bücher Spiele ganz viele Süßigkeiten und ein ferngesteuertes Auto Aber deine Geschenke sind die Schönsten

Teste dich (Rechtschreibung)

1. Warum werden die Wörter großgeschrieben? Verbinde.

Lissabon	Nomen
der Spiegel	Verb als Nomen
der Größte	Adjektiv als Nomen
das Essen	Eigenname
das Kaufhaus	zusammengesetztes Wort

(/5)

2. Markiere alle Verben und unterstreiche alle Adjektive. Schreibe die Adjektive links in die Tabelle und schreibe rechts passende Nomen mit Artikel.

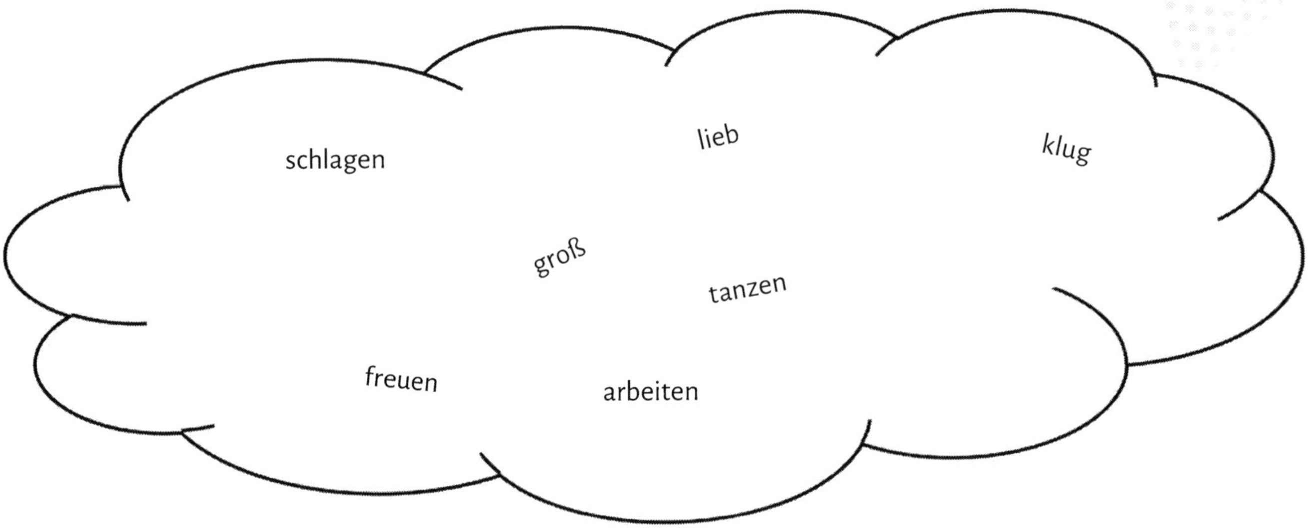

Adjektive	Nomen mit Artikel

(/6,5)

3. **Verbinde die Wörter im Wortsalat zu vier zusammengesetzten Nomen**

fliegen	ess	ratte	versicherung
lese	gitter	lebens	zimmer

(/4)

4. **Was ist denn hier passiert? Unterstreiche alle Fehler.**

Lieber Frank,

fiele Grüsse aus Spanien. Ich ferstehe leider kein Spanisch. Aber das Eßen ist sehr gut. Meine Lieplinksspeise ist Paella. Das ist eine grosse Fanne mit Meeresfrüchten und Reis. Wir sehen uns näkste Woche in der Schule.

Bis dann!

John

(/3)

5. **Schreibe den Text aus Aufgabe 4 richtig.**

____

____

____

____

____

____

(/3)

6. **Setze die richtigen Satzzeichen ein!**

Ach Ich finde Mathe so schwer Gestern habe ich schon wieder eine 4 geschrieben obwohl ich fast eine Woche für die Arbeit gelernt habe Meine Lehrerin hat gesagt Nimm Nachhilfe Dabei nehme ich schon seit einem halben Jahr Nachhilfe Soll ich etwa noch mehr Stunden lernen Vielleicht gründe ich eine Lerngruppe mit Steffi Mara und Luisa Die sind auch nicht so gut in Mathe

(/7)

Texte Verfassen

Beschreibung

Beschreibungen sind sachlich und sehr strukturiert aufgebaut, zum Beispiel in eine Einleitung und einen Hauptteil. Beschreibungen sollten **möglichst genau** geschrieben sein. Du solltest **passende Adjektive oder Verben** benutzen. Es ist auch wichtig, dass du **verschiedene Satzanfänge** (Zuerst, als nächstes, zum Schluss) benutzen kannst.

Personenbeschreibung

1. Einleitung
Beschreibe **sachlich,** wer die Person ist und was du siehst. Schreibe **nicht über Gefühle und Meinungen.**

2. Beschreibung
Beschreibe die Person **von oben (Gesicht) nach unten (Füße)**. Gehe **vom Großen (Gesicht) zum Kleinen (Augenfarbe).** Benutze möglichst **genaue Adjektive.**

Beantworte folgende Fragen:
Welches **Alter, Geschlecht und Beruf** hat die Person? Wie **groß und schwer** ist die Person? Wie sehen **Haare und Frisur** aus? Wie sieht das **Gesicht** aus? Wie ist die **Kleidung** der Person? Welche **Besonderheiten** hat die Person (Tattoos, Narbe, Brille)?

Rezept

1. Überschrift
Schreibe als Überschrift den **Namen des Gerichts** und **für wie viele Personen** das Rezept gedacht ist. **Schreibe dabei sachlich.**

2. Zutatenliste
Schreibe eine Liste mit den Zutaten, die man für das Rezept braucht mit **Mengen-angaben** (l, ml, mg, g, EL, TL, Prise).

3. Zubereitung
Wähle für dein Rezept **ein Personalpronomen (sie, du, man)** und benutze es für den gesamten Text. Schreibe **Schritt für Schritt im Präsens**, was die Person tun muss. Beachte unbedingt **die Reihenfolge** und sei möglichst **genau**! Benutze **verschiedene Satzanfänge**.

Beantworte folgende Fragen:
Welche **Küchengeräte** benötigt man? Auf **welcher Stufe** muss die Herdplatte sein?
Wie lange muss ich backen, kochen, rühren, kneten, mixen? Welche **Form und Farbe** muss das Gericht haben? **Wie heiß** muss der Ofen sein? Am Ende deines Textes kannst du noch **mögliche Variationen** schreiben: Kann man eine **Zutat weglassen oder ersetzen**?

Personenbeschreibung

1. Sortiere die Personenbeschreibung, indem du die Textbausteine nummerierst.

	Der Junge trägt ein orangefarbenes T-Shirt mit weißen Ärmeln. Über dem T-Shirt trägt er eine knielange Latzhose aus dunkelblauem Jeansstoff. Die Latzhose hat eine breite Brusttasche, aus der ein grün-rot-kariertes Stofftaschentuch schaut. Der Junge trägt braune Sandalen ohne Socken.
	Seine Arme sind schmal, ebenso wie seine Beine. Auffallend sind die kurzen gewellten Haare des Jungen. Sie sind hellbraun und er trägt eine gelbe Schirmmütze mit einem blauen Schriftzug. Der Schriftzug enthält die Buchstaben „LINO". Seine Augen sind groß und leuchtend und haben eine grüne Farbe. Das Gesicht des Jungen ist rund und er hat eine spitze Nase. Der Mund ist zu einem breiten Lächeln geformt.
	Es handelt sich um einen Jungen, der zwischen acht und zwölf Jahren alt ist. Er sitzt auf einem Stein und blickt nach links. Beide Hände stecken in seinen Hosentaschen. Der Junge hat eine schlanke, kindliche Körperform.

2. Sieh dir das Bild an und sammle Adjektive zu dem Gesicht und der Kleidung der Person.

Gesicht und Haare	Kleidung

3. **Schreibe zu dem Bild aus Aufgabe 2 eine Personenbeschreibung. Nutze die Adjektive aus der Tabelle. Achte darauf, dass du möglichst genau und strukturiert schreibst.**

____

____

____

____

____

____

Rezepte

Mengenangaben: l – Liter, ml – Milliliter, mg – Milligramm, g – Gramm, EL – Esslöffel, TL – Teelöffel

1. **Welche Mengenangaben passen in die Zutatenliste? Setze ein!**

200 ______ Zucker

½ ______ Milch

3 ______ Backpulver 1 ______ Salz

2. **Welche Textabschnitte passen gut in eine Rezeptbeschreibung? Kreuze an!**

	Er muss jetzt das Salz zum Teig geben.
	Vermenge alle trockenen Zutaten mit einem Rührbesen oder einem Handmixer, bis keine Klumpen mehr zu sehen sind.
	Du nimmst einen Besen und du nimmst das Mehl. Du nimmst auch den Zucker und die Milch. Du machst alles zusammen.
	Heize den Ofen für mindestens zehn Minuten auf 200 °C vor. Lege in der Zeit Backpapier auf einem Backblech aus und verteile mit einem Esslöffel etwa 5cm große Kleckse deines Teiges. Achte darauf, zwischen jedem Klecks mindestens 5cm Abstand zu lassen, da die Kekse sonst zusammenkleben können.

3. Was stimmt in diesem Rezept nicht? Finde zu den Fehlern beim Schreiben eines Rezepts in der Tabelle Beispiele aus dem Text und schreibe diese auf.

Hier ist meine tolle Chili-Bohnen-Pfanne
Du brauchst für meine tolle Chili-Bohnen-Pfanne zehn Champignons. Diese sollten frisch sein und du musst sie in vier Teile schneiden. Anschließend noch vier frische Tomaten. Die kannst du auch in vier Teile schneiden. Dann noch eine Dose Mais und eine Dose Kidneybohnen. So viel du willst Salz, Pfeffer, Chilipulver und Paprikapulver. Danach nehme ich immer noch drei Zehen Knoblauch. Die werden ganz fein gehackt. Die zwei Zwiebeln auch fein machen, aber nicht ganz so fein wie den Knoblauch. Ach, ja, und fast vergessen: Natürlich brauchst du auch Öl für die Pfanne. Also, wenn man jetzt alles eingekauft hat, dann kann man ja endlich loslegen.

Erstmal machst du das Öl in die Pfanne und lässt die Pfanne schön heiß werden. Dann machst du die Zwiebeln und den Knoblauch rein. Wenig später dann die Champignons und auch den Mais. Am Ende dann auch die Kidneybohnen. Du kannst jetzt Salz und Pfeffer hinzufügen und die Hitze reduzieren. Dann kommen die Tomaten. Ganz zum Schluss die restlichen Gewürze so viel man will.

Wenn du das hast, machst du noch frische Petersilie drüber.

Fehler	Beispiel
nicht sachlich	*„Hier ist meine tolle Chili-Bohnen-Pfanne“*
Zutaten sind nicht in einer Liste	
ungenaue Mengenangaben	
Nicht gut strukturiert	
Verben und Adjektive sind nicht genau genug	

Erzählung

Erzählungen können von **Erlebnissen** handeln oder Grusel- und Lügengeschichten sein. Sie alle haben gemeinsam, dass sie **spannend** sind. Anders als Beschreibungen sind sie nicht sachlich, sondern **unterhaltsam**. Das heißt, wer die Erzählung hört oder liest, sollte möglichst viele **Gefühle** empfinden: Angst, Freude, Spaß, Traurigkeit, Wut. Wie schreibst du eine möglichst spannende und unterhaltsame Erzählung? Das solltest du in der 5. Klasse können.

1. Überschrift

Die Überschrift sollte **Interesse wecken**. Sie sollte auch eine Idee geben, worum es in der Erzählung geht. Statt „Urlaub auf Mallorca" schreibst du zum Beispiel: „Wie Oma auf Mallorca zur Vampirin wurde". So machst du auf die Geschichte neugierig. Natürlich solltest du nichts erfinden, was nicht in der Geschichte vorkommen soll.

2. Einleitung

Bevor du mit der Einleitung beginnst, entscheidest du, ob du die Geschichte in der **Ich-Form oder in der Er/Sie-Form** schreiben möchtest. Die Zeitform kann **Präsens oder Präteritum** sein. Dann überlegst du, **wer** in deiner Geschichte vorkommt, **wo und wann** die Geschichte spielt und wie **die Vorgeschichte** ist. Die Vorgeschichte sollte **lustig oder spannend** sein und Lust erwecken weiterzulesen. Die Einleitung sollte **nicht länger als vier Sätze** sein.

3. Hauptteil

Überleg dir vor dem Schreiben des Hauptteils, in welcher **Reihenfolge** du die Handlung erzählen möchtest. Erzähle nur interessante Dinge. Frag dich, was der **Höhepunkt** deiner Erzählung sein soll? Die ganze Erzählung bewegt sich zu diesem Höhepunkt und baut **Spannung** auf. Für die Spannung helfen **aktive Verben** (erschrecken, frieren, rennen) und **starke Adjektive** (fürchterlich, anstrengend, überraschend). Außerdem solltest du abwechslungsreiche, **spannende Satzanfänge** benutzen (auf einmal, plötzlich, in diesem Moment). Damit die Erzählung noch lebendiger wird, benutzt du die **direkte Rede** und beschreibst die **Gefühle der Personen** (Angst haben, einen Lachanfall bekommen, wütend sein).

4. Schluss

Am Schluss kommst du **zurück zur Einleitung** und gibst eine **Lösung** oder eine **Anregung:** „Na, gut. Um ehrlich zu sein, handelte es sich bei meiner Oma um keine echte Vampirin. Aber, wer weiß. Vielleicht gibt es Vampire. Sei lieber auf der Hut!"

1. **Unterstreiche in der Wortwolke die Satzanfänge, die spannend und abwechslungsreich sind.**

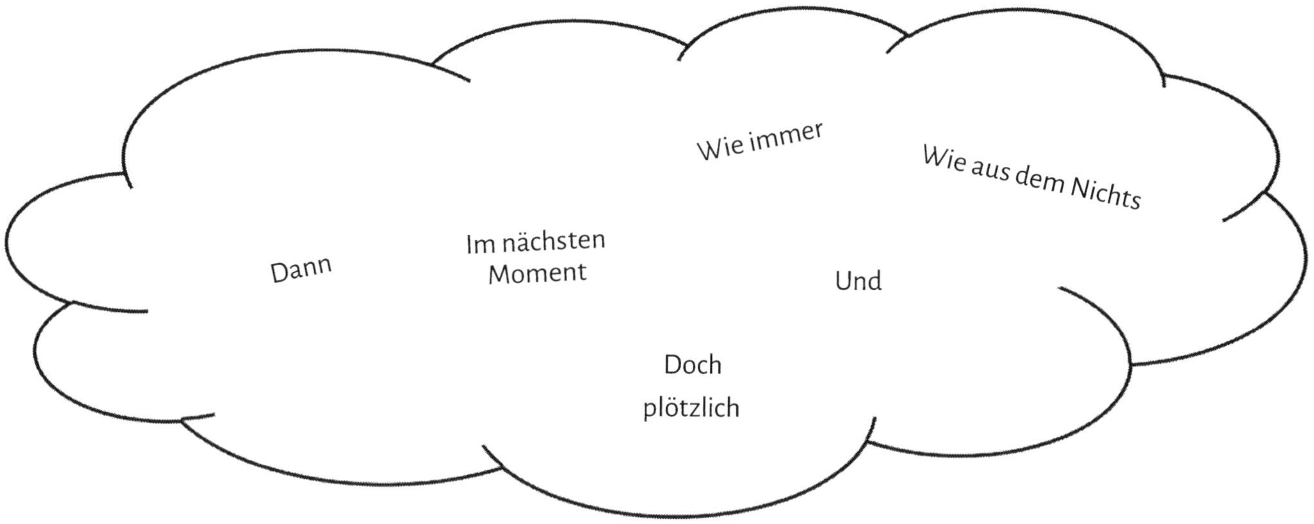

2. **Schreib den Text spannender. Benutze einige der spannenden Satzanfänge aus Aufgabe 1. Achtung! Das Verb kann an anderer Stelle stehen.**

Im Türrahmen erschien eine dunkle Gestalt. Sein Herz raste und er wollte schreien. Er drehte sich zum Küchentisch und griff nach seinem Telefon und wählte die 110: „Hallo, guten Tag. Ich möchte einen Einbrecher melden." Er bewegte sich ängstlich auf die Tür zu. Aber die dunkle Gestalt war verschwunden.

____

____

____

____

____

3. **In welchen Sätzen befinden sich spannende Verben? Kreuze an!**

	Ich legte meine Schulbücher bereits am Vorabend in meine Tasche. Dann ging ich in mein Zimmer.
	Sie schlich über die Straße. Ihre Zähne bibberten vor Kälte.
	Er war schon einmal an diesem Ort. Wann mag das gewesen sein? Vielleicht im letzten Sommer.
	Plötzlich kroch etwas Grünes, Glitschiges über den Holzboden. Alina sprang vor Schreck einen ganzen Meter in die Höhe.

4. In dem Wortgitter verstecken sich waagerecht (von links nach rechts) und senkrecht (von oben nach unten) folgende Adjektive: „überrascht, vorsichtig, aufregend, zitternd, blitzschnell“ Findest du sie? Achtung! Umlaute werden als Vokale geschrieben (ae, ue, oe).

N	D	E	P	O	O	L	A	F	M	T	I	K	I	Z
I	U	Q	V	F	I	C	H	K	G	J	E	U	F	Q
W	E	W	O	S	A	U	F	R	E	G	E	N	D	B
W	B	A	R	O	Q	D	K	M	P	J	H	I	D	B
M	E	I	S	Q	B	X	E	T	Z	W	P	S	Y	M
P	R	N	I	X	M	Z	N	S	T	B	Q	Y	A	T
N	R	K	C	C	T	Z	J	W	S	J	X	P	U	D
D	A	S	H	E	P	Z	I	T	T	E	R	N	D	V
S	S	T	T	U	F	Y	D	F	D	T	H	P	G	W
X	C	F	I	T	S	Q	E	W	H	E	N	U	R	N
X	H	V	G	G	M	A	P	O	U	A	P	M	X	E
U	T	E	B	L	I	T	Z	S	C	H	N	E	L	L

5. Welche Teile einer Erzählung werden hier beschrieben? Schreibe!

a) Es sollte eine Spannung aufbauen, einen Höhepunkt haben und viele interessante Verben und Adjektive enthalten.	
b) Es sollte eine Lösung oder eine Anregung anbieten.	
c) Es sollte nur aus wenigen Wörtern bestehen, Interesse wecken und das Thema erwähnen.	
d) Es sollte Ort, Zeit und Personen der Handlung nennen.	

6. Plane jetzt deine eigene Erzählung. Denke an ein Erlebnis, von dem du erzählen möchtest. Schreibe eine ansprechende Überschrift. Notiere für die Einleitung wo, wann und wer in deiner Erzählung vorkommen soll. Erstelle dir einen „Fahrplan" für den Hauptteil: Schreibe in Stichpunkten, was in deiner Erzählung passiert. Notiere für den Schluss eine Lösung oder eine Anregung.

Meine Erzählung

Überschrift	
Einleitung	· Wo?: · Wann?: · Wer?:
Hauptteil	· · ·
Schluss	**Lösung oder Anregung:**

Wenn du möchtest, kannst du die Erzählung nun mit ansprechenden Verben, Adjektiven und Satzanfängen ausformulieren und in dein Heft schreiben!

Leseverständnis

Ab der 3. Klasse wird von dir erwartet, dass du einen Text flüssig lesen kannst. Wenn dir das schwerfällt, kannst du das durch **lautes Vorlesen und Lesen vor dem Einschlafen** üben. Es genügt jedoch nicht, einen Text schnell durchzulesen oder gut vorzulesen, du solltest auch den Inhalt verstehen. In der 5. Klasse wird von dir erwartet, dass du Fragen zu einem Text beantworten kannst. Du solltest wissen:

- um welche Textform es sich handelt (Bericht, Märchen, Kurzgeschichte...)
- was das Thema des Textes ist
- wo, wann und von wem der Text handelt

Es hilft, zuerst einen **Text** nach diesen Informationen zu **„überfliegen"**. Du fliegst mit deinen Augen also sehr schnell über den Text, um diese drei Fragen zu beantworten. Meist reicht es, den Anfang und das Ende des Textes zu überfliegen. Dann liest du die Fragen zum Text, vielleicht kannst du jetzt schon einige beantworten. **Unterstreiche** in den Fragen **Schlüsselwörter**. Das sind besonders wichtige Wörter, zum Beispiel ein Name. Jetzt **„scannst" du den Text** nach dem **Schlüsselwort**, du suchst den Text also ganz gezielt nach diesem Wort ab. Steht die Antwort auf die Frage in der Nähe des Schlüsselwortes? Wenn jetzt noch Antworten für einige Fragen fehlen, liest du den Text sehr genau von vorne nach hinten.

Diese drei Textformen solltest du in der 5. Klasse kennen:

Sachtexte

Artikel, Berichte, Gebrauchsanweisungen, Werbetexte, Gesetzestexte...

- **sachlich**, informierend,
- sollten der Wahrheit entsprechen,
- keine eigenen Meinungen und Gefühle,
- **leicht verständlich.**

Diagramme

Statistiken in Finanzen, Mathematik, Naturwissenschaften, Politik informieren in einer Grafik über Zahlen

- Säulen-, Linien-, Kurven-, und Balkendiagramme haben eine x- und y-Achse (Rechtswert und Hochwert),
- Kreisdiagramme sind in mehrere Sektoren unterteilt und zeigen Anteile von 100 %.

Erzähltexte

Märchen, Fabeln, Kurzgeschichten, Romane

- entsprechen nicht der Wahrheit (fiktiv)
- nicht sachlich
- verschiedene Erzählperspektiven (Ich-, Er/Sie-Erzählung)
- bestimmter Stil (einfache Sätze, Wiederholungen, viele Fremdwörter, Dialoge)

Sachtexte

Hausaufgaben abschaffen

„Kann ich endlich spielen?"
Iwan geht in die 3. Klasse einer Grundschule in Kiel. Er sitzt schon über eine Stunde an seinen Hausaufgaben. Dabei sollte er laut seiner Klassenlehrerin eigentlich nicht länger als 45 Minuten an den Aufgaben sitzen. Das gibt auch das Bundesland Schleswig-Holstein vor: Für Dritt- und Viertklässler sollten Hausaufgaben in 45 Minuten zu schaffen sein. Was soll Iwans Mutter tun? Sollte sie akzeptieren, dass die Hausaufgaben nicht fertig sind?
Genau das empfiehlt auch die Wissenschaftlerin Dr. Anna Roth-Baumann: „Eltern sollten die Hausaufgaben ihrer Kinder nicht beenden oder dafür sorgen, dass die Kinder sich durch die Aufgaben quälen. Nur wenn es Lücken in den Hausaufgaben gibt, können die Lehrer sehen, wo es noch Schwachstellen gibt. Vielleicht geben sie dann auch weniger Hausaufgaben auf."
Iwans Mutter fällt das schwer. Sie möchte, dass ihr Sohn gute Noten bekommt. In den ersten Klassenstufen hat sie die Hausaufgaben oft für Iwan beendet. Laut Fachleuten wie Frau Dr. Roth-Baumann verstärkt sich so jedoch das Gefühl der Kinder, eine Aufgabe nicht selbst zu schaffen. Ihre Selbstständigkeit und ihr Selbstbewusstsein leiden. Mutter Beate berichtet: „Ich habe mich mehr mit dem Thema auseinandergesetzt. Jetzt weiß ich, dass es nicht hilft, wenn ich für meinen Sohn die Hausaufgaben mache. Es ist auch nicht gut für mich selbst. Das kostet mich Zeit, die ich für den Haushalt und meinen Job bräuchte. Oder um ein bisschen Spielzeit mit meinem Sohn zu verbringen."
Immer mehr Eltern und Kindern wünschen sich stressfreie Nachmittage ohne Hausaufgaben. Besonders Grundschüler können sich nicht so lange am Stück konzentrieren und verlieren schnell die Geduld.
„Mein Sohn hat schon in der ersten Schulwoche den Spaß an der Schule verloren, als er zu Hause über eine halbe Stunde Buchstaben in sein Heft malen musste."
Beate hat sich an der Grundschule ihres Sohnes mit anderen Eltern organisiert. Sie wünschen sich eine Schule ohne Hausaufgaben.
„Es reicht doch, wenn die Kinder ab der 5. Klasse mit den Hausaufgaben beginnen. Ich will nicht, dass mein Kind jeden Tag weint, weil es durch die Hausaufgaben überfordert ist. Schule soll Spaß machen!"
Beates Ansicht teilen viele Eltern und natürlich auch die Kinder. Ihre Initiative hat erste Früchte getragen. Mittlerweile ist das Thema auf dem Schreibtisch des Schulleiters gelandet. Schulleiter Wolfgang Lutz unterstützt die Idee, an seiner Schule weniger Hausaufgaben zu geben. Allerdings muss dann mehr Übungszeit an der Schule eingeplant werden: „Am besten wäre es doch, wenn die Kinder alle Aufgaben erledigt haben, sobald sie aus dem Schultor gehen. Wir möchten deshalb Übungsstunden auf unserer Schule einführen. Die Kinder bleiben an drei Tagen pro Woche länger in der Schule und üben gemeinsam mit Lehrern oder Erziehern den Stoff aus dem Unterricht."
Mutter Beate ist mit dem Vorschlag des Schulleiters zufrieden: „Die Idee des Schulleiters ist gut. Nun kommt es darauf an, ob es genug Lehrer und Erzieher gibt, die in den Übungsstunden dabei sein können. Es gibt ja jetzt schon viel zu wenig Lehrer."
Beate und die anderen Eltern hoffen, dass ihre Grundschule ein Vorbild für andere Schulen sein kann und es bald in ganz Deutschland keine Hausaufgaben mehr an Grundschulen gibt (vgl. Haas 2018).

Lies den Text und beantworte die Fragen!

1. Welche Art von Sachtext ist das? Kreuze an!
- ☐ Leserbrief
- ☐ Werbetext
- ☐ Zeitungsartikel

2. Iwan kommt aus...
- ☐ Berlin
- ☐ Köln
- ☐ Kiel

3. Wie heißt die Wissenschaftlerin aus dem Artikel?
- ☐ Dr. Anna Roth-Baumann
- ☐ Beate
- ☐ Prof. Annegret Lutz

4. Was ist richtig?
- ☐ Iwan bekommt zu viele Hausaufgaben.
- ☐ Iwans Schulweg ist zu lang.
- ☐ Iwans Eltern arbeiten zu viel.

5. Was wünscht sich Iwans Mutter?
- ☐ Eine Schule ohne Lehrer
- ☐ Eine Schule am Nachmittag
- ☐ Eine Schule ohne Hausaufgaben

6. Wie viel Zeit sollten Drittklässler laut Schleswig-Holstein mit den Hausaufgaben verbringen?
- ☐ eine Stunde
- ☐ 30 Minuten
- ☐ 45 Minuten

7. Warum sollten Eltern ihren Kindern nicht bei den Hausaufgaben helfen?
- ☐ Die Eltern machen noch mehr Fehler.
- ☐ Die Kinder werden traurig.
- ☐ Die Kinder verlieren Selbstständigkeit und Selbstbewusstsein.

8. Was hat Beate gegründet, damit ihr Sohn weniger Hausaufgaben machen muss?
- ☐ eine Partei
- ☐ eine Initiative
- ☐ eine Alternative

Diagramm

502 Eltern wurden 2011 von eltern.de zum Thema Hausaufgaben befragt (Fritz 2022). Die meisten Kinder der befragten Eltern gingen in die 1.-3. Klasse. In dem folgenden Diagramm ist angegeben, wie oft es laut der Umfrage Streit wegen Hausaufgaben und Lernen gibt.

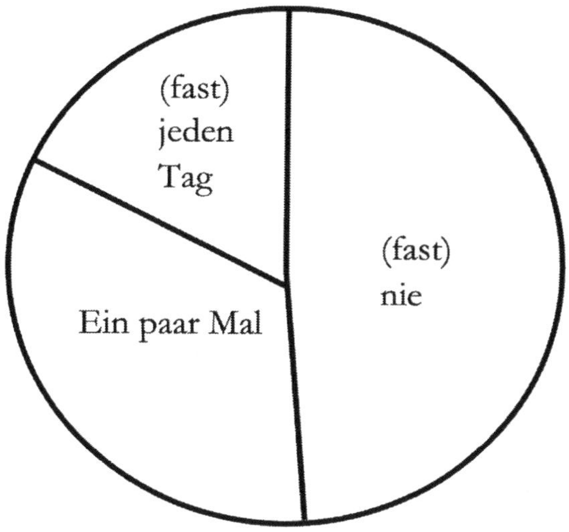

	Anzahl	Prozent
(fast) jeden Tag	82	16,34 %
ein paar Mal pro Woche	174	34,66 %
(fast) nie	246	49 %
gesamt	502	100 %

1. Welche Form von Diagramm wurde zur Darstellung der Ergebnisse genutzt?

____

2. Was ist richtig? Kreuze an.

	Das Diagramm zeigt das Ergebnis einer Umfrage von 2011.
	Für die Umfrage wurden 502 Schüler der 1.-3. Klasse befragt.
	Manche der Eltern, die an der Umfrage teilgenommen haben, haben sich der Frage enthalten.
	Die meisten Eltern geben an, dass sie wegen der Hausaufgaben ein paar Mal pro Woche Streit mit ihren Kindern haben.
	Fast die Hälfte der Eltern gibt an, dass es mit ihren Kindern (fast) nie Streit wegen der Hausaufgaben gibt.

Erzähltext

Die geheime Herkunft

Frank Leopold kam als Tiger zur Welt. Zumindest wurde er als solcher geboren. Seine Eltern Margarete und Konstanze Leopold hatten ihn als Baby adoptiert, ohne von seiner Herkunft allzu viel zu wissen. Dass er ein Tiger war, konnten sie zwar unschwer erkennen, doch sie wussten nicht, woher er kam und warum er abgegeben wurde. Das Waisenhaus für elternlose Wildtiere konnte dem Paar, das sich schon lange ein Kind wünschte, nichts über die Eltern des kleinen Tigers sagen. „Er lag vor drei Tagen einfach vor unserer Tür.", hatte man ihnen nur gesagt. Margarete hatte den Kopf geschüttelt: „Unverständlich, wie man so ein schönes Tier einfach weggeben kann. Wir nehmen ihn auf jeden Fall!" Konstanze war anfangs nicht so überzeugt von der Idee, einen Tiger zu adoptieren. Sie hatte sich eigentlich ein Baby gewünscht, das ihrer Art entsprach. Noch war Frank kleiner als Margarete und sie, aber schon in ein paar Monaten würde er über sie hinausgewachsen sein. Vermutlich konnte er jetzt schon viel schneller rennen als sie. Und es war nur eine Frage der Zeit, bis er schwerer war als sie.

Am meisten aber ängstigte sie die Vorstellung, wie er reagieren würde, wenn ihm bewusstwurde, dass sie nicht seine leiblichen Eltern waren. „Bist du sicher, dass wir dieser Herausforderung gewachsen sind?", fragte Konstanze ihre Frau besorgt. Margarete schaute von den Adoptionspapieren auf, die ihr eine der Mitarbeiterinnen aus dem Waisenhaus für elternlose Wildtiere vor die Nase gelegt hatte. Sie schaute ihrer Frau tief in die schwarzen Augen. Dann nuschelte sie mit dem Stift in ihrem Schnabel: „Wir werden uns um ihn kümmern und ihm all unsere Liebe und Fürsorge schenken. Das ist es, was ein kleines Baby wie Frank braucht."

Konstanze strich sich besorgt durch ihr weißes Federkleid. „Und wird ihm auch nicht zu kalt werden, da wo wir wohnen?" Margarete schlug beruhigend mit ihren Flügeln: „Er wird sich daran gewöhnen. Genauso wie an das Essen. Unsere Sprache wird er auch lernen und bevor du dich umschauen kannst, schwimmt er wie ein kleiner Weltmeister und fängt die fettesten Fische aus dem Ozean. Er ist jetzt einer von uns."

In diesem Moment unterschrieb sie den Adoptionsvertrag mit dem Stift in ihrem Schnabel. Dann drehte sie ihren Kopf in die Richtung ihrer Frau: „Komm, meine Schöne. Unterschreib den Vertrag. Wir haben so lange auf diesen Moment gewartet."

Als verstünde Tiger Frank das Geplapper der zwei Vögel, kuschelte er sich in diesem Moment an die Bäuche seiner zukünftigen Mütter und begann zu schnurren. Diese Geste nahm Konstanze den letzten Zweifel. Sie setzte ihre Unterschrift neben die ihrer Frau. „Jetzt bist du einer von uns", sagte sie, während sie mit dem rechten Flügel ihrem haarigen Sohn über den Kopf strich: „Bald wirst du Fische fangen wie wir, du wirst laufen wie wir und das lästige Schnurren trainieren wir dir schon auch noch ab." „Du wirst deine Herkunft vollkommen vergessen haben."

Lies „Die geheime Herkunft", beantworte die Fragen zum Erzähltext und schreibe die Zeilennummern auf, in denen du die jeweiligen Information gefunden hast.

1. Wie heißen die drei Hauptfiguren im Text?

___

2. Wo spielt die Handlung?

___

3. Warum zweifelte Konstanze daran, den Tiger zu adoptieren?

___

4. Welcher Tierart gehören die werdenden Eltern an?

___

5. Warum heißt die Erzählung „Die geheime Herkunft"?

___

6. Was denkst du? Was ist das Hauptthema des Textes?

___

Teste dich (Leseverständnis)

Sehr geehrtes Redaktionsteam,

ich habe Ihren Artikel vom 18.04.2022 zum Thema Hausaufgaben gelesen und stimme Ihnen voll und ganz zu. Ich sehe an meiner eigenen Tochter, wie sie die Hausaufgaben, besonders im Fach Deutsch, jedes Mal deprimieren. Dabei ist sie sehr gut in dem Fach. Ich denke nur einfach, dass ihre Lehrerin, die auch die Klassenlehrerin ist, ihr viel zu viele Hausaufgaben aufgibt und nicht daran denkt, dass es noch andere Fächer gibt, wo auch Hausaufgaben aufgegeben werden. Manchmal sind die Aufgaben auch sehr unverständlich formuliert, sodass ich sogar Probleme habe, die Aufgabe zu lösen und selbst im Internet nachschauen muss. Ich weiß auch von meiner Tochter, dass manchmal zu Themen Aufgaben kommen, die noch gar nicht ausreichend im Unterricht behandelt wurden. Da fungieren wir Eltern dann schnell mal als Nachhilfelehrer, obwohl das doch gar nicht unsere Aufgabe sein sollte. Also, ich kann Beate, der Mutter aus Ihrem Artikel nur beipflichten, sich weiterhin für das Thema stark zu machen, selbst wenn der Schulleiter aus irgendwelchen Gründen seine Schule nicht hausaufgabenfrei gestalten wird. Mich hat sie auf jeden Fall motiviert, selbst so eine Initiative an der Schule meiner Tochter zu gründen. Ich konnte schon 20 Eltern gewinnen und jetzt sammeln wir weitere Unterschriften.

In diesem Sinn besten Dank für die vielen Denkanstöße,
Eflin Darbandi aus Ilmenau

Sehr geehrter Tobias Franke,

Sie haben am 18.04.2022 Ihren Artikel im Bildungsteil der Kieler Wochenzeitung herausgebracht, den ich aufmerksam gelesen habe. Er hat mich, ehrlich gesagt, etwas geärgert, denn er zeigt mal wieder, wie verwöhnt die heutige Generation ist. In meiner Schulzeit gab es überhaupt keine Diskussion, ob die Hausaufgaben zu schwer oder zu viel sind. Es gab auch keine Mutter, die einem bei den Hausaufgaben half, da mussten wir Kinder ganz alleine durch. Es ist allerdings nicht so, dass wir stundenlang einsam an unseren Schreibtischen saßen und verzweifelten! Nein! Ich habe mich mit meinen Schulfreundinnen einfach nach dem Unterricht getroffen und dann haben wir die Aufgaben gemeinsam gelöst. So konnten wir voneinander lernen. Sie haben das ja in Ihrem Artikel richtig geschrieben: Wenn Eltern bei den Hausaufgaben helfen, dann schadet das den Kindern nur. Da leiden aber nicht nur Selbstsicherheit und Selbstständigkeit, sondern auch die sozialen Kompetenzen. Kinder müssen lernen, um Hilfe zu bitten, sie müssen auch lernen, in der Gruppe zu arbeiten. Stattdessen sehe ich ja bei meinen Enkeln, dass es ein ständiges Gegeneinander gibt statt eines Miteinanders. Die Hauptaussage Ihres Artikels, dass es eine gute Idee ist, Hausaufgaben in der Grundschule abzuschaffen, kann ich allerdings nicht unterstützen. Die Kinder und Eltern können nicht alles hinterfragen, was die Schule bestimmt. Die Schule weiß schließlich viel besser, was die Kinder lernen müssen.

Beste Grüße von Ihrer treuen Leserin,
Lena Rosenbach

Lies die zwei Texte und beantworte die Fragen.

1. Wie heißen die Absender der zwei Texte?

______________________________ (/2)

2. An wen sind die Texte adressiert?

______________________________ (/2)

3. Welches gemeinsame Thema haben die zwei Texte?

______________________________ (/2)

4. Warum hat Frau Rosenbach der Artikel etwas verärgert?

______________________________ (/2)

5. Wie oft erscheint die Zeitung, an die sich die Leserinnen wenden?

______________________________ (/1)

Ergänze die fehlenden Informationen!

6. Frau Darbandi kommt aus ______________________________. (/1)

7. Frau Darbandi konnte schon ____________________ Eltern für ihre Initiative gewinnen. (/1)

8. Frau ____________________ findet die Aussagen des Artikels nur teilweise richtig. (/1)

Mathematik

Stellenwerttafel und Zahlenstrahl

Stellenwerttafel

Jede Zahl lässt sich mit den Ziffern **0, 1, 2, 3, 4, 5, 6, 7, 8 und 9** darstellen. Beispielsweise besteht die Zahl 72 aus der Ziffer 7 und der Ziffer 2. Der Wert einer **mehrstelligen Zahl** hängt davon ab, an welcher Stelle die Ziffern in der **Stellenwerttafel** stehen.

Millionen	Tausend						
1 Millionen (1 M)	**Hundert-tausender (HT)**	**Zehntau-sender (ZT)**	**Tausender (T)**	**Hunderter (H)**	**Zehner (Z)**	**Einer (E)**	**Zahl**
			1	2	3	4	1234
	6	0	8	3	7	4	608 374

Bei großen Zahlen trägst du die Ziffern **von hinten nach vorne** in die Stellenwerttafel ein

Zahl 1234: 4 Einer, 3 Zehner, 2 Hunderter und 1 Tausender

Zahl 709 374: 4 Einer, 7 Zehner, 3 Hunderter, 9 Tausender, 0 Zehntausender und 7 Hunderttausender

Zahlenstrahl

Ein Zahlenstrahl kann verschiedene Einheiten tragen. Du liest ihn **von links nach rechts**, wobei die kleinere Zahl links und die größere Zahl rechts steht. Die kurzen Striche stehen für die jeweiligen Einheiten, z.B. Zehntausenderschritte.

Nachbarzahlen:

Jede Zahl auf dem Zahlenstrahl hat einen **Vorgänger (-1)** und einen **Nachfolger (+1)**. Diese sind direkte Nachbarn der jeweiligen Zahl. Weiterhin gibt es den **Nachbarhunderter, Nachbartausender und Nachbarzehntausender**.

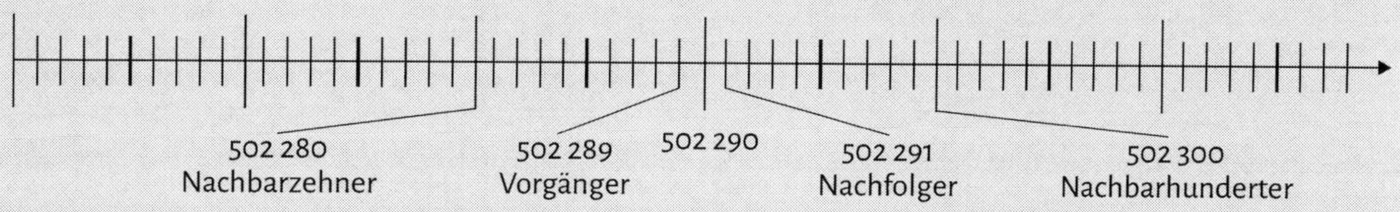

Zahlen vergleichen

Du kannst alle Zahlen (auch die großen) mithilfe der Zeichen: **> („größer als"), < („kleiner als")** und **= („ist gleich")** vergleichen.

1. **Trage die Zahlen in die Stellenwerttafel ein**

   a) Fünfhundertzehntausendeins

   b) Acht Millionen siebenhunderttausendachtzehn

   c) Siebenhundertdreiundvierzigtausendneunhundertzwei

   d) Drei Millionen vierhundertsiebentausendachtundvierzig

	Millionen	Tausender						
	M	HT	ZT	T	H	Z	E	Zahl
a)								
b)								
c)								
d)								

2. Trage die fehlenden Zahlen in die Kästchen

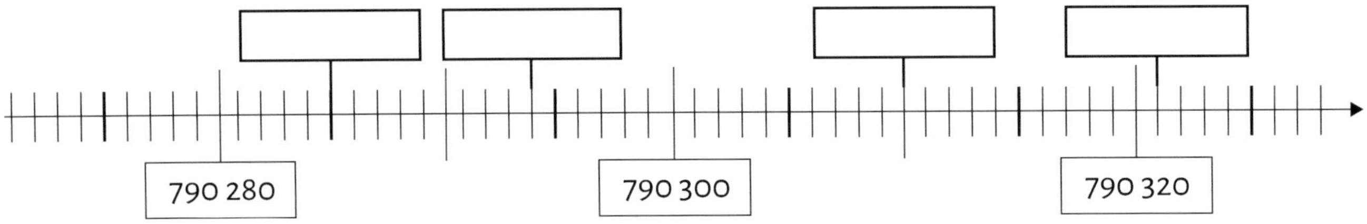

3. Fülle die Tabelle aus.

Nachbarzehn-tausender	Nachbartausen-der	Zahl	Nachbartausen-der	Nachbarzehn-tausender
		38 710		
		183 526		
		278 317		

Teste dich (Stellenwerttafel und Zahlenstrahl)

1. Verbinde folgende Zahlen mit den richtigen Stellen auf dem Zahlenstrahl.

508 350 | 508 230 | 508 050 | 508 570 | 508 047

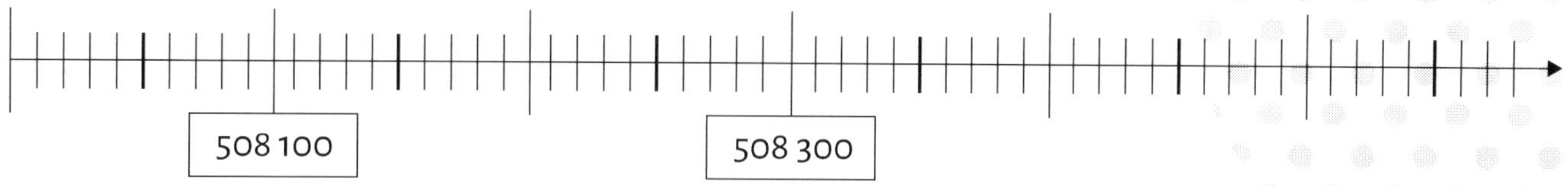

(/5)

2. Welche Zahl liegt genau zwischen diesen beiden Zahlen? Schreibe sie auf.

a) 480 und 520 ______________________

b) 300 000 und 800 000 ______________________

c) 750 und 798 ______________________ (/3)

3. Bilde aus den einzelnen Ziffern die jeweiligen sechsstelligen Zahlen aus den Aufgaben. Benutze dabei alle Ziffern nur einmal.

4 | 8 | 7 | 6 | 3 | 0

a) Die größtmögliche Zahl ______________________

b) Die kleinstmögliche Zahl ______________________ (/2)

4. Ordne die Großstädte nach der Anzahl ihrer Einwohner. Beginne mit der kleinsten Zahl.

Großstadt	Frankfurt	Düsseldorf	Stuttgart	Dortmund	Dresden	Leipzig
Einwohner	753 056	619 294	634 830	587 010	554 649	587 857

>

____

(/3)

5. Vergleiche die Zahlen miteinander. Setze dazu die Zeichen >, < und = ein.

7283 ◯ 7832 | 87 214 ◯ 78 124 | 40 200 ◯ 4 ZT 2 H

8283 ◯ 8732 | 6 ZT 5 H ◯ 60 501 | 88 989 ◯ 89 898

(/3)

Grundrechenarten

Schriftliche Addition

Beim **schriftlichen Addieren** ist es wichtig, dass du die Zahlen **stellengerecht** untereinanderschreibst. Das bedeutet: **Einer (E) unter Einer (E), Zehner (Z) unter Zehner (Z)** usw. Beim Rechnen musst du **hinten anfangen**, also bei den Einern (E). Sobald die Summe an einer Stelle größer als 9 wird, schreibst du nur den Einer (E) beim Ergebnis auf. Den **Übertrag** schreibst du über den Strich an die nächste Stelle.

	H	Z	E
	1	8	7
+		4	5
	1	1	
	2	**3**	**2**

7 + 5 = **12**; **2** bei den Einern (E); Übertrag 1 bei den Zehnern (Z)

8 + 4 + 1 = **13**; **3** bei den Einern (E); Übertrag 1 bei den Hundertern (H)

1 + 1 = **2**

1. Schreibe die Zahlen stellengerecht untereinander und rechne aus.

467 + 4128

249 563 + 172 334

789 241 + 693 742

2. Ergänze die fehlenden Zahlen. Es können auch Zahlen für den Übertrag sein.

	1	5	4	2	3	4
+		2	2		7	3
	1			1		
	1	7	6	5	0	7

	3	6	2	3		5
+			1	7	7	4
	1		1			
	4	3	4	1	1	9

		3	2	4	9	1
+	7	8	9	8	2	7
		1	1			
			2	3	1	8

Schriftliche Subtraktion

Es gibt **zwei Möglichkeiten**, wie du **schriftlich subtrahieren** kannst. Benutze das Verfahren, das dir leichter fällt.

Abziehverfahren

	T	H	Z	E
	6	5	4	1
-		2	2	5
			1	
	6	**3**	**1**	**6**

Es wird von unten nach oben und von rechts nach links gerechnet:
5 + wie viel ist 1?
Das geht nicht. Hole einen 10er dazu und schreibt 1 als Übertrag an die Zehner-Stelle. Nun heißt es:
5 + wie viel sind 11 ? = **6**; Jetzt geht es weiter:
1 + 2 = **3**; 3 bis zur 4 = **1**; 2 bis zur 5 = **3**; 0 bis zur 6 = **6**

Ergänzungsverfahren

	T	H	Z	E
			3	11
	6	5	4	1
-		1	1	4
	6	**4**	**2**	**7**

Es wird von oben nach unten und von rechts nach links gerechnet:
1 - 4 geht nicht. Hole aus der 4 den Zehner. Aus 4 Z werden 3 Z. Schreibe eine 3 darüber und eine 11 über den Einer. Nun kannst du damit rechnen:
11 - 4 = **7**; 3 - 1 = **2**; 5 - 1 = **4** und 6 - 0 = **6**

1. Schreibe die Zahlen stellengerecht untereinander und rechne aus.

7869 - 1423

2546 - 1429

14 896 - 6548

2. Bei diesen zwei Aufgaben wurden Fehler gemacht oder etwas vergessen. Markiere die Stellen und rechne daneben richtig aus.

	5	3	2	1	0
-		6	1	0	1
	4	6	1	1	9

	3	1	7	4	2
-		8	4	3	4
				1	
	1	3	3	1	8

Schriftliche Multiplikation

Beginne beim Multiplizieren an der höchsten Stelle (hier die zweite Stelle)

	8	3	4	·	3	2
		2	5	0	2	
	+		1	6	6	8
		2	**6**	**6**	**8**	**8**

3 mal 4 gleich 12; 2 hinschreiben, 1 merken
3 mal 3 gleich 9 plus 1 (gemerkt) gleich 10; 0 hinschreiben, 1 merken
3 mal 8 gleich 24 plus 1 (gemerkt) gleich 25
Jetzt die zweite Zahl:
2 mal 4 gleich 8; 8 hinschreiben
2 mal 3 gleich 6; 6 hinschreiben
2 mal 8 gleich 16, 16 hinschreiben

Am Ende werden die Teilergebnisse noch addiert.

Vermeide diese typischen Fehler

2	4	7	8	·	3	2
		7	5	3	4	
	+		4	9	5	6
		7	**9**	**2**	**9**	**6**

Beim Multiplizieren mit mehreren Zahlen musst du darauf achten, die Zahlen **stellengerecht untereinander** zu schreiben.

Beim Multiplizieren mit der **Zahl Null** ist das Ergebnis auch immer Null; z.B. **4 · 0 = 0**. Die Zahl Null musst du dann auch immer mit aufschreiben

falsch:

1	4	0	1	·	4
			5	6	4

richtig:

1	4	**0**	1	·	4
		5	6	**0**	4

1. Schreibe die Zahlen stellengerecht untereinander und rechne aus.

263 · 34

1057 · 514

3678 · 234

2. In beiden Rechnungen wurden Fehler gemacht. Rechne nach und verbessere rechts daneben.

	2	5	3	1	·	2	4	
			5	0	6	2		
		+		9	1	2	4	
			5	**9**	**7**	**4**	**4**	

	4	2	8	7	·	1	7	
			4	2	8	7		
		+	3	0	1	1	9	
			7	**2**	**9**	**8**	**9**	

3. Finde die richtigen Zahlen, damit die Ergebnisse stimmen.

80 **60** **500** **50**

1	7	8	·			
			8	9	0	0

1	2	3	·			
		6	1	5	0	0

6	3	4	·			
		3	8	0	4	0

2	1	7	·			
		1	7	3	6	0

Schriftliche Division

Beim **schriftlichen Dividieren** fängst du vorne (links) an:

	T	**H**	**Z**	**E**				**H**	**Z**	**E**
	2	3	9	4	:	7	=	**3**	**4**	**2**
-	2	1								
		2	9							
	-	2	8							
			1	4						
		-	1	4						
				0						

2 geteilt durch 7 geht nicht; nehme die ersten beiden Zahlen

23 geteilt durch 7 geht 3-mal; schreibe **3** ins Ergebnis; 3 mal 7 = 21

23 minus 21 = 2; schreibe 2 und hole die 9 runter (da 2 nicht in die 7 passt)

29 geteilt durch 7 geht 4-mal, schreibe **4** in das Ergebnis; 4 mal 7 = 28;

29 minus 28 = 1; schreibe 1 und hole die 4 runter

14 geteilt durch 7 = 2; schreibe **2** in das Ergebnis; 2 mal 7 = 14;

14 minus 14 = 0

Am Ende kannst du das Ergebnis mithilfe einer **Umkehrrechnung** kontrollieren.

	3	**4**	**2**	·	7	=	2	3	9	4	
2	3	9	4								

Vermeide diesen typischen Fehler

Sollte bei der Rechnung kein Rest übrigbleiben, musst du eine Null in das Ergebnis schreiben

	T	H	Z	E				T	H	Z	E
	5	2	5	5	:	5	=	1	**0**	5	1
-	5										
	0	2									
	-	**0**									
		2	5								
	-	2	5								
			0	5							
			-	5							
				0							

5 geteilt durch 5 = 1, schreibe 1 in da Ergebnis; 1 mal 5 = 5;
5 minus 5 = 0; hole die 2 runter;
2 geteilt durch 7 geht nicht; deshalb hole ich noch die 5 runter, **schreibe aber nun eine 0 in das Ergebnis**
25 geteilt durch 5 = 5, schreibe 5 in das Ergebnis; 5 mal 5 = 25;
25 Minus 25 = 0; hole eine 5 runter;
5 geteilt durch 5 = 1, schreibe 1 in das Ergebnis; 1 mal 5 = 5;
5 minus 5 = 0

1. **Rechne schriftlich!**

	7	3	2	4	:	4	=							6	7	0	5	:	5	=				

	3	8	0	1	:	7	=							3	7	5	3	:	9	=				

2. Rechne schriftlich! Rechne anschließend zur Kontrolle die Umkehraufgabe.

	2	5	7	6	:	4	=							8	8	6	5	:	9	=				

Umkehraufgabe

Schriftliche Division mit Rest (R)

	H	Z	E				Z	E	R
	1	2	6	:	4	=	3	1,	**5**
-	0								
	1	2							
-	1	2							
		0	6						
		-	4						
			2	0					
		-	2	0					
				0					

1 geteilt durch 4 geht nicht; hole die 2 runter
12 geteilt durch 4 = 3; 3 mal 4 = 12;
12 minus 12 = 0; schreibe 0 und hole die 6 runter
6 geteilt durch 4 geht 1-mal; schreibe 1 in das Ergebnis; 1 mal 4 = 4;
6 minus 4 = 2 **Es bleibt eine 2 übrig. Nun musst du ein Komma hinter die 1 ins Ergebnis setzen**.
Hole nun eine Null runter. 20 geteilt durch 4 = 5; schreibe **5 als Rest** hinter das Komma in das Ergebnis; 5 mal 4 = 20; 20 minus 20 = 0

1. Rechne schriftlich mit einem Rest.

134 : 4 =

543 : 5 =

5649 : 6 =

3077 : 5 =

Teste dich (Grundrechenarten)

1. **In zwei Aufgaben wurden Fehler gemacht. Überprüfe alle Aufgaben und streiche diejenigen durch, die falsch sind. Rechne diese erneut in deinem Heft aus.**

			8	9	8	7	
+		2	7	4	6	1	
		1	1	1			
		3	6	3	4	8	

		2	8	4	6	4	
+		4	2	9	2	7	
		1	1		1		
		7	1	3	9	1	

		4	8	8	9	5	
+		3	3	1	2	4	
		8	1	9	1	9	

(/4)

2. **Ergänze die fehlenden Zahlen.**

		7	8	5	4	2	
-			7		2	1	
		7	1	1	2	1	

		8	2	6	1	4	
-		6		5		3	
		1		1			
		1	9	0	3	1	

		3	8	7	2	4	
-		1	9		5		
		1		1			
		1		4	7	0	

(/3)

3. **Herr und Frau Becker fahren mit ihren Kindern Maya und Tim mit dem Zug nach Holland, um drei Tage lang Urlaub zu machen. Die Zugfahrt kostet pro Person 113 Euro. Das Hotel kostet 55 Euro pro Nacht für eine Person, wobei sie zwei Nächte buchen.**

Frage: Wie viel kostet der Urlaub insgesamt?

A: ____ . **(/4)**

4. **Lisa hat sich ein neues Buch gekauft, dass 252 Seiten hat. Wie viele Seiten muss sie pro Tag lesen, damit sie in einer Woche mit dem Buch fertig ist?**

A: ______________________________ **(/2,5)**

5. **Am Tag nach der Renovierung des Zoos wurden folgende Besucherzahlen gezählt: 265 Erwachsene und 1834 Kinder haben eine Tageskarte gekauft. 30 Erwachsene und 50 Kinder haben Jahreskarten gekauft.**
Weiterhin wurde 30-mal Tierfutter verkauft.

Neueröffnung:
Zoo -Eintrittspreise

Tageskarte	
Erwachsene:	16 €
Kinder:	9 €
Jahreskarte	
Erwachsene	95 €
Kinder	55 €
Eintrittspreise für Schulklassen	
Lehrer	10 €
Kinder	4 €
Tierfutter	1 €

a) **Trage die Zahlen aus dem Text in die Tabelle ein. Berechne anschließend den jeweiligen Gesamtpreis. Nutze für die Rechnung dein Heft.**

	Anzahl	Preis in €	Gesamtpreis in €
Tageskarten Erwachsene			
Tageskarten Kinder			
Jahreskarten Erwachsene			
Jahreskarten Kinder			
Tierfutter			

(/6)

b) Herr und Frau Demir kaufen für sich und ihre Kinder Erol und Zehra Jahreskarten und zweimal Tierfutter. Wie viel Geld geben sie insgesamt aus?

A: ____. (/3,5)

c) Die 4b der städtischen Grundschule hat 27 Schülerinnen und Schüler und einen Klassenlehrer. Zusammen möchten Sie den Zoo besuchen. In der Klassenkasse sind noch 112 Euro. Reicht das Geld für den Eintritt?

A: ____. (/3)

d) Am Tag des Zoobesuchs der 4b fehlen zwei Kinder. Wie teuer ist der Eintritt jetzt und reicht das Geld aus der Klassenkasse?

A: ____. (/2)

Punkt vor Strich-Regel

Wahrscheinlich hast du schon gelernt, dass **Multiplikation** und **Division** (· und :) als **Punktrechnung** und **Addition** und **Subtraktion** (+ und –) als **Strichrechnung** bezeichnet werden. Kommen in einer Rechnung beide Rechenarten vor, gilt die **Punkt-vor-Strich-Regel**. Also musst du **· und : vor + und –** rechnen.

12 + **5 · 2** = 22
12 + **10** = 22

16 – 3 · 4 = 4
16 – **12** = 4

1. Rechne im Kopf (oder im Heft). Achte auf die Punkt-vor-Strich-Regel.

2 · 3 + 12 = ____________ 24 : 3 + 15 = ____________ 99 : 9 + 7 = ____________

14 + 4 · 5 = ____________ 59 – 7 · 7 = ____________ 33 – 72 : 9 = ____________

33 – 5 · 6 = ____________ 19 – 64 : 8 = ____________ 9 + 96 : 6 = ____________

2. Rechne wie im Regelkasten oben.

4	4	:	4	+	5	·	4	=					8	·	7	–	3	5	:	5	=			
								=																
4	0	:	5	·	2	+	1	2	=				6	4	:	4	:	2	–	2	·	2	=	

3. Setze die fehlenden Zahlen und Rechenzeichen ein.

3	6	:		+	4	=	1	0					6	·	7		7	=	6					
		:	6	·	2	+	2	=	4				2	4	:		:	2	=	6				

Runden

Damit du dir große Zahlen besser vorstellen und mit ihnen einfacher rechnen kannst, werden diese Zahlen manchmal **gerundet**. Je nach Aufgabe sollst du an einer bestimmten Stelle der Zahl runden. Um zu entscheiden, an welcher Stelle du rundest, musst du dir die Stelle **rechts davon** anschauen. Es kann **abgerundet** und **aufgerundet** werden.

Bei der Zahl 1, 2, 3, 4 wird abgerundet.
Bei der Zahl 5, 6, 7, 8 und 9 wird aufgerundet.

Beispiel 1: Runde die Zahl 7854 auf die **Zehner-Stelle (Z)**.

Zuerst suchst du die Zehner-Stelle (Z) und gehst **rechts daneben** zur *Einer-Stelle (E)*. Da diese eine 4 ist, musst du hier **abrunden**. Die Zahlen hinter der Stelle, an der abgerundet werden soll, werden zu einer **0**.

Also: **7 8 4 4 ≈ 7840**
„≈“ bedeutet „ist ungefähr“

T	H	**Z**	E
7	8	**4**	4

Beispiel 2: Runde die Zahl 7855 auf die **Zehner Stelle (Z)**.
Da rechts davon an der Einer-Stelle eine 5 steht, wird **aufgerundet**. Also: 7855 **≈ 7860**

1. Runde die Zahlen auf die Stellen in der Klammer

2489 (Z) ≈ ______________________

7490 (H) ≈ ______________________

69 738 (ZT) ≈ ______________________

560 879 (H) ≈ ______________________

709 498 (T) ≈ ______________________

123 456 (H) ≈ ______________________

2. Runde die Besucherzahl der jeweiligen Stadien auf die Tausender-Stelle (T).

München: 75 042 ≈ ______________

Leipzig: 44 545 ≈ ______________

Dortmund: 81 365 ≈ ______________

Leverkusen: 30 810 ≈ ______________

Köln: 46 195 ≈ ______________

Schalke: 61 680 ≈ ______________

Überschlagsrechnung

Um leichter mit großen Zahlen zu rechnen, kannst du sie **überschlagen**. Man nennt diese Art von Rechnung **Überschlagsrechnung.** Dabei rundest du die Zahl, wie du es bereits gelernt hast. Du solltest die Zahl so runden, wie es dir am sinnvollsten erscheint.

Bei dem folgenden Beispiel ist es sinnvoll, dass du auf die **Tausender-Stelle (T)** rundest.
Bei einer **5, 6, 7, 8 und 9 rundest** du **auf**. Bei einer **1, 2, 3 und 4 rundest** du **ab**.

234 **7**90 + 100 **3**00 + 301 **5**00 ≈ **637 000**

235 000 + 100 000 + 302 000 = **637 000**

1. Runde auf eine sinnvolle Stelle und mache dann die Überschlagsrechnung

1	5	4	1	+	5	0	≈						7	4	6	0	-	5	0	0	≈				
2	4	6	7	·	2	≈							4	9	0	·	5	≈							

2. Überprüfe die Ergebnisse durch eine Überschlagsrechnung. Finde heraus, welche Aufgaben falsch gerechnet wurden. Die falschen Lösungen ergeben ein Lösungswort. Benutze für die Rechnung dein Heft.

a) 267 + 289 + 5409 = 5865 (A)
b) 1093 + 1040 + 10 043 = 13 176 (R)
c) 525 : 5 = 105 (K)
d) 1230 + 239 − 12 = 1557 (U)
e) 8780 + 200 · 2 = 9810 (N)
f) 78 401 − 77 310 = 2091 (D)
g) 24 560 + 21 345 · 3 = 91 810 (E)
h) 636 : 6 + 4 = 110 (I)
i) 98 900 − 10 254 − 463 = 98 183 (N)

Lösungswort: ___ ___ ___ ___ ___ ___

Teste dich (Punkt-vor-Strich-Regel, Runden, Überschlagsrechnung)

1. Rechne im Kopf! Benutze für Rechnungen die Kästchen oder dein Heft, falls der Platz nicht ausreicht.

$47 - 21 \cdot 2 =$ ______ $28 : 7 + 18 =$ ______ $96 : 8 + 9 =$ ______

$12 + 20 \cdot 5 =$ ______ $88 - 8 \cdot 8 =$ ______ $9 + 72 : 3 =$ ______

$33 - 5 \cdot 6 =$ ______ $13 - 81 : 9 =$ ______ $63 - 48 : 6 =$ ______

(/9)

2. Runde die Einwohnerzahl dieser europäischen Hauptstädte auf die Tausender-Stelle (T).

Berlin:	3 677 472 ≈ 3 678 000	Warschau:	1 794 166
Madrid:	3 266 126	Wien:	1 931 593
Paris:	2 165 523	Stockholm:	949 761
Rom:	2 837 332	Lissabon:	552 700

(/7)

3. Die Summe aller Einwohner aus Aufgabe 2 ist 17 174 573. Überprüfe, indem du durch eine Überschlagsrechnung das Ergebnis kontrollierst. Runde vorher auf die Zehntausender-Stelle (ZT).

3	6	7	7	4	7	2	≈	**3**	**6**	**8**	**0**	**0**	**0**	**0**				**3**	**6**	**8**	**0**	**0**	**0**	**0**
																	+							

(/9)

Längen umwandeln und berechnen

Vielleicht kennst du das vom Messen deiner Körpergröße. Diese kannst du in Meter (m) und Zentimeter (cm) angeben. Wenn du **Längen** miteinander **vergleichen** und mit ihnen **rechnen** möchtest, müssen sie in der gleichen **Maßeinheit** stehen (**km, m, cm oder mm**). Damit du die Maßeinheiten miteinander vergleichen kannst, musst du daher manchmal umwandeln. Dabei gilt: **1 km = 1000 m; 1 m = 10 dm; 1dm = 10 cm; 1 cm = 10 mm.**

Du kannst die **Stellenwerttafel** als Hilfe nehmen. Wenn du in die höhere Maßeinheit wechselst, musst du eine Null und anschließend ein Komma setzen.

km	100m	10m	m	dm	**cm**	mm
	2	4	1			
	2	**4**	**1**	**0**	**0**	
0,	2	4	1			

Beispiel:
Rechne **241m** in **cm** und **km** um.

→ 241 m = **24 100 cm**

→ 241 m = 0,241 km

Nullen am Ende einer Zahl nach einem Komma kannst du weglassen: 4,**100** km = 4,1 km

Beim Rechen solltest du immer die kleinere Maßeinheit verwenden, damit du nicht mit Kommazahlen rechnen musst.
Beispiel: 76 cm + 12 m.
Hier rechnest du mit cm. 12 m = 1200 cm

			7	6	c	m
+	1	2	0	0	c	m
	1	2	7	6	c	m

1. Wandle in die angegebenen Einheiten um. Falls du Schwierigkeiten hast, verwende die Stellenwerttafel (Heft).

23 cm = ____________ mm 534 mm = ____________ cm 5200 m= ____________ km

75 mm = ____________ cm 0,42 m = ____________ cm 0,7 km = ____________ m

3,2 km = ____________ m 123cm = ____________ m 0,89 cm = ______ cm

2. Ordne die Größen der Kinder. Beginne dabei mit dem kleinsten Kind.

Mike:	Michaela:	Ahmed:	Maja:	Jan:
138 cm	1,29 m	1 m 45 cm	136 cm	1,41 m

<

3. Vergleiche, indem du die Zeichen: >, < und = verwendest.

12 cm ○ 120 mm   3,25 m ○ 325 mm   704 m ○ 7,04 km

0,09 m ○ 900 cm   800 mm ○ 80 cm   98 cm ○ 9 m 8 cm

4. Addiere die verschiedenen Längeneinheiten miteinander. Verwende die Stellenwerttafel, falls du Schwierigkeiten bei der Umrechnung hast.

a) 4,25 m + 20 cm = __________ cm

b) 8,27 km + 730 m + 3010 m = __________ m

c) 3012 mm + 87 cm + 5 m + 0,2 m = __________ mm

5. Maike hat einen Schulweg von 1,4 km. Miriam hat einen kürzeren Schulweg von 890 m. Wie weit ist Miriams Schulweg in Kilometer?

A: ____.

6. Michael macht mit seiner Familie eine Wanderung von 9,8 km nach Daun. Nach drei Stunden erreichen sie dieses Schild. Wie viele km sind sie schon gewandert?

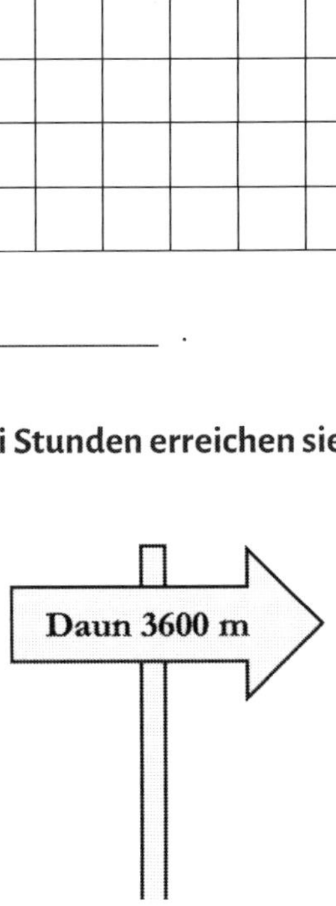

A: ____.

Gewichte umwandeln und berechnen

Schaust du auf die Rückseite der Nudelpackung, wirst du sehen, dass diese 500g schwer ist. Oft sagt man auch, dass dies einem halben Kilo entspricht. Oder du gehst in den Zoo und siehst auf dem Schild des Elefantengeheges die Gewichte der Elefanten in **Tonnen (t)** angegeben. Die **Gewichte hängen zusammen** und können auch **umgewandelt** werden.

1 Tonne (t) = 1000 kg; 1 kg = 1000 g; 1 g = 1000 mg.

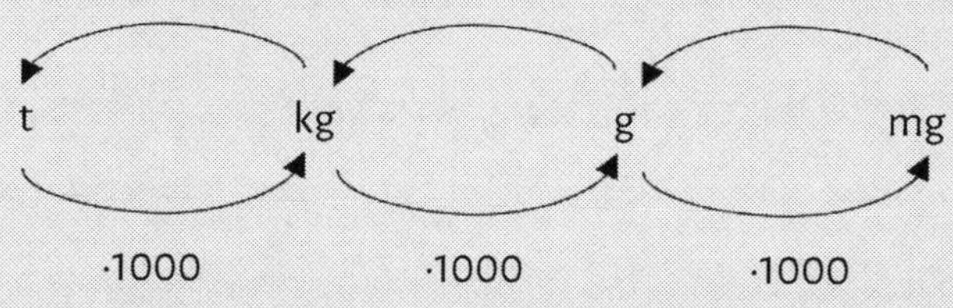

Beispiele: 1,2 t in kg und 2400 g in kg

1,2 t · **1000** = 1200 kg

2400 g **: 1000** = 2,4 kg

Beim Rechen solltest du immer die **gleiche Maßeinheit** verwenden, damit du leichter rechnen kannst. Rechne immer auch mit der **kleineren Einheit (hier „g")**, um die Kommazahlen zu vermeiden.

Beispiel: 4,7 kg + 300 g ; 4,7 kg = 4700 g

		4	7	0	0	g
+			3	0	0	g
		1				
		5	0	0	0	g

1. Wandle um. Benutze, falls nötig, für die Rechnung dein Heft.

4500 kg = ____________ t

2000 mg = ____________ g

2 kg 36 g = ____________ g

1,2 t = ____________ kg

1,2 kg = ____________ g

329 kg = ____________ t

230 kg = ____________ g

2584 g = ____________ kg

65 g = ____________ mg

2. Ordne die Gewichte der Tiere. Beginne dabei mit dem leichtesten Tier.

Hummer: 20 kg	Elefant: 6, 4 t	Eisbär: 850 kg	Lederschildkröte: 0,89 t	Hund: 32 000 g

<

3. Vergleiche, indem du die Zeichen: >, < und = verwendest.

132 kg ◯ 0,32 t   3250 g ◯ 3,25 kg   102 mg ◯ 10,2 g

3,85 t ◯ 385 kg   8,56 kg ◯ 856 g   1500 kg ◯ 1 t 500 kg

4. Addiere die verschiedenen Gewichtseinheiten miteinander. Falls du rechnen musst, benutze dein Heft.

a) 3200 g + 1200 g + 2,5 kg = __________ g

b) 2,8 t + 3,2 t + 950 kg = __________ kg

c) 340 mg + 4780 mg + 5,2 g + 0,12 kg = __________ mg

5. Für Evas Geburtstagparty backen ihre Mutter und sie einen Schokoladenkuchen. Dafür brauchen sie 1,5 kg Mehl, 250 g Butter, 180 g Schokolade, 5 g Vanille-Zucker und 3 g Backpulver. Wie schwer ist der Kuchen?

A: ____ .

6. Janina wiegt 48 kg. Martin ist 550 g leichter. Wie viel kg wiegen beide zusammen?

A: ____ .

Volumen umwandeln und berechnen

Das **Volumen** sagt dir etwas über den **räumlichen Inhalt eines geometrischen Körpers** aus. Häufig wird das Volumen in **Liter (l)** oder **Milliliter (ml)** angegeben, wie du es oft bei Wasserflaschen siehst. **Dabei gilt: 1 l = 1000 ml**

Bei Rezepten findest du häufig auch Brüche bei der Angabe von Zutaten, die in kleinen Mengen hinzugegeben werden.

½ l = 500 ml = 0,5 l	¾ l = 750 ml = 0,75 l
¼ l = 250 ml = 0,25 l	⅛ l = 125 ml = 0,125 l

1. Wandle um. Benutze für die Rechnung, falls nötig, dein Heft.

5 l = ____________ ml	0,349 l = ____________ ml	60 ml = ____________ l
4520 ml = ____________ l	¼ l = ____________ ml	3 l 200 ml = ____________ l
520 ml = ____________ l	620 ml = ____________ l	7 l 400 ml = ____________ l

2. Ordne die Volumen. Beginne dabei mit dem Kleinsten.

1,78 l | 780 ml | ¾ l | 6 l 520 ml | 1520 ml

<

____

3. Vergleiche, indem du die Zeichen: >, < und = verwendest.

437 ml ◯ 7,34 l	8743 ml ◯ 87,43 l	7 l 564 ml ◯ 7,0564 l
6,97 l ◯ 697 ml	1436 ml ◯ 1,436 l	9,241 l ◯ 9241 ml

4. Addiere die verschiedenen Volumeneinheiten miteinander.

a) 457 ml + 312 ml + 1,297 l = __________ ml

b) 0,45 l + 1,4 l + 140 ml = __________ ml

c) 2 l 412 ml + 7841 ml + 345 ml + 0,2 l = __________ ml

5. **Anja kauft mit ihrer Mutter einen Getränkekasten mit 12 Flaschen Wasser. Jede Flasche hat ein Volumen von 0,75 l. Wie viele Liter haben sie insgesamt gekauft?**

A: ____ .

6. **In einen 5-Liter-Eimer werden nacheinander 1,7 l, 498 ml, 2 l 352ml und 250 ml gegossen. Wie viele ml könnten noch in den Eimer rein, bevor er voll ist?**

A: ____ .

Teste dich (Längen, Gewichte und Volumen)

1. **Mario kauft im Baumarkt ein Holzbrett mit einer Länge von 3 m. Dieses schneidet er jeweils in einzelne Stücke mit einer Länge von 24 cm. Wie viele Stücke kann er aus dem Holzbrett gewinnen und wie viel cm bleiben übrig?**

A: ____ . **(/2,5)**

2. **Paulina lebt im 3. Stock eines Mehrfamilienhauses. Zwischen jedem Stockwerk liegen 24 Stufen. Jede Stufe hat eine Höhe von 17 cm. In wie viel Meter (m) Höhe liegt ihre Wohnung?**

A: ____ . **(/2,5)**

3. **Herr Moritz wohnt in Haus A. Er fährt in der Woche zu verschiedenen Orten. Am Montag fährt er zu Ort B. Am Dienstag besucht er die Orte B und C. Am Donnerstag fährt er zu den Orten C und D. Beachte, dass er immer wieder abends nach Hause zurück muss. Wie viel km ist er insgesamt gefahren? Benutze dein Heft für Rechnungen.**

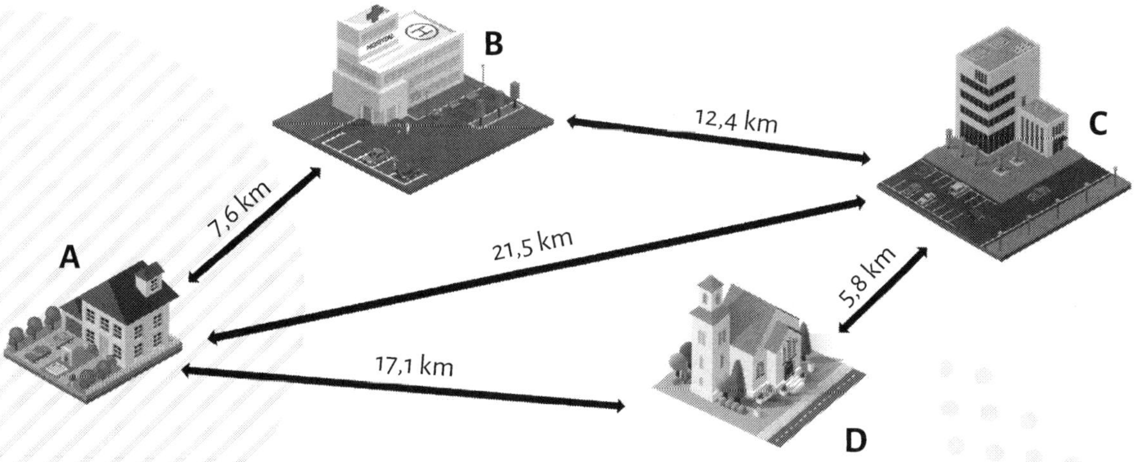

A: ____ . **(/4,5)**

4. Bauer Heinz möchte für seine Familie Apfelsaft pressen. Dafür muss er 1,5 kg Äpfel ernten. Am ersten Tag erntet er 480 g und am zweiten Tag 520 g. Wie viel muss er noch ernten, damit er die benötige Menge zusammen hat?

A: ____. (/2)

5. Ein leerer Lastwagen samt Fahrer wiegt 2840 kg. Er darf ein Maximalgewicht von 5 t nicht überschreiten. Der Fahrer soll nun Kisten laden. Jede Kiste wiegt 60 kg. Wie viele Kisten kann er insgesamt laden?

A: ____. (/3,5)

6. Der kleine Max möchte seinen Schulranzen packen. Damit er keine Rückenschmerzen bekommt, darf der Ranzen höchstens 2,5 kg wiegen. Auf seinem Schreibtisch liegen folgende Schulsachen: vier Schulbücher zu jeweils 450 g, ein Mäppchen mit 400 g und fünf Hefter, die jeweils 100 g wiegen. Kommt er über das Maximalgewicht? Begründe!

A: ____. (/3,5)

7. Rechne um! Benutze für die Umwandlung und Rechnung dein Heft.

a) Das Doppelte von ½ l sind ________ ml = ________ l

b) Das Sechsfache von ½ l sind ________ ml = ________ l

c) Das Dreifache von ¼ l sind ________ ml = ________ l

d) Das Achtfache von ⅛ l sind ________ ml = ________ l **(/4)**

8. Kreuze die richtige Aussage an. Rechne, falls nötig, in deinem Heft nach.

- O 4 Viertelliter ergeben einen Liter
- O 2 Achtelliter sind mehr als 280 ml.
- O 2 Achtelliter plus 2 Viertelliter ergeben zwei Liter.
- O Zwei Viertelliter und 500 ml sind genau so viel wie ein ganzer Liter. **(/2)**

9. Alina ist krank und hat 750 ml Medizin vom Arzt erhalten. Sie soll 4-mal täglich 15 ml zu sich nehmen. Wie viele Tage hält die Medizin?

A: ____. **(/2,5)**

10. Herr und Frau Senkbach duschen sechsmal die Woche und baden einmal pro Woche. Bei jedem Duschen werden 55 l verbraucht und beim Baden werden 150 Liter verbraucht. Wie viel Liter verbrauchen Herr und Frau Senkbach in 14 Tagen?

A: ____. **(/3,5)**

Geld umwandeln und berechnen

Du warst bestimmt schon mal mit deinen Eltern einkaufen. In Deutschland wird mit **Euro (€)** und **Cent (ct)** bezahlt.
Dabei gilt: 1 € = 100 ct

Auch hier solltest du beim Rechnen immer die **gleiche Geldeinheit** verwenden, und zwar immer die **kleinere Einheit (hier Cent)**, um Kommazahlen zu vermeiden. Anschließend kannst du wieder im Euro umwandeln.

Beispiel: 1,20 € + 2 ct

		1	2	0	c	t
+				2	c	t
		1	2	2	c	t
	=	1,	2	2	€	

Beispiel: 6,24 € : 6

	6	2	4	c	t	:	6	=	1	0	4	c	t
-	6							=	1,	0	4	€	
	0	2											
	-	0											
		2	4										
	-	2	4										
			0										

1. Wandle um! Benutze für die Rechnung dein Heft.

7 € = __________ ct 7946 ct = __________ € 14 ct = __________ €

886ct = __________ € 0,64 € = __________ ct 89 124 ct = __________ €

34,78 € = __________ ct 1€ 2 ct = __________ ct 4 € 250 ct = __________ €

2. Vergleiche, indem du die Zeichen: >, < und = verwendest!

1,58 € ◯ 1580 ct 62 ct ◯ 6,20 € 12 € 3 ct ◯ 12,30 €

150 ct ◯ 1,50 € 564 ct ◯ 5,64 € 54,10 € ◯ 541 ct

3. Rechne schriftlich!

37,78 € + 723,12 €

65,45 € - 43,58 €

4. Rechne schriftlich!

532,41 € · 3

938,24 € : 4

5. Sandra muss für die Schule einige Hefter kaufen. In zwei Schreibwarengeschäften gibt es folgende Angebote. In welchem Geschäft zahlt sie für ein einzelnes Heft weniger und wie viel Cent sind es?

A: ____

6. **Paul geht für das Frühstück am Sonntag einkaufen. Er holt acht Brötchen zu je 0,45 €, ein Käsebrötchen für 1,05 € und ein Brot für 2,35 €. Er bezahlt mit einem 10-€-Schein. Wie viel Geld erhält er zurück?**

A: ____

Zeitpunkte und Zeitspannen

Ein **Zeitpunkt** ist eine **bestimmte Uhrzeit,** wie im Beispiel rechts: **09:12 Uhr** oder **11:26 Uhr**. Eine **Zeitspanne ist die Zeit zwischen zwei Zeitpunkten.** Die Zeitspanne im Beispiel rechts liegt bei ***2 h 14 min***.

Beim Berechnen von Zeitspannen kannst du einen **Zeitstrahl** als Hilfe verwenden.

Bei Zeitspannen gibt es unterschiedliche Einheiten:

1 Tag (d) = 24 Stunden (h); 1 Stunde (h) = 60 Minuten (min) und 1 Minute (min) = 60 Sekunden (s)

1. Wandle in die angegebenen Einheiten um! Benutze für die Rechnung den freien Platz in der Aufgabe

5 h = **5·60 min** = ____________ min 20 min = ____________ = ____________ s

420 min = ____________ = ____________ h 4 d = ____________ = ____________ h

2. Vergleiche, indem du die Zeichen >, < und = verwendest!

12 min ◯ 120 s 200 s ◯ 3 min 1 h 30 min ◯ 100 min

1,5 h ◯ 80 min 2 d ◯ 48 h 350 s ◯ 5 min 50 s

3. Vervollständige die Tabelle des Zugfahrplans! Rechne im Heft.

Fahrt	Abfahrt	Ankunft	Fahrzeit
Berlin – Potsdam	11:26 h		1 h 13 min
Frankfurt – Koblenz	14:38 h	16:11 h	
München – Stuttgart		20:26 h	3 h 36 min

4. Kreuze die richtigen Aussagen an! Rechne im Heft.

1. Von 8:45 h bis 9:50 h sind 75 Minuten vergangen. ◯
2. 180 Minuten sind weniger als 3 Stunden. ◯
3. Viereinhalb Stunden sind mehr als 260 Minuten. ◯
4. 330 Sekunden sind 5 Minuten und 30 Sekunden. ◯

5. Rechne schriftlich! Falls der Platz nicht reicht, rechne im Heft um.

10,5 h + 50 min

8 min 30 s - 3 min 5 s

6. Paul hat sich einen Film angeschaut. Dieser dauerte 1 Stunde und 30 Minuten. Dazwischen gab es 4 Pausen mit jeweils 5 Minuten. Wie lange hat er Fernsehen geschaut?

A: ______________________________

7. Familie Mikic fährt an die Küste. Sie fahren um 08:36 h los und sind nach 3 h und 45 Minuten am Ziel. Um wie viel Uhr sind sie angekommen?

A: ______________________________

Teste dich (Geld, Zeitpunkte und Zeitspannen)

1. **Rechne schriftlich**
   a) 7,40 € · 5 =
   b) 13,20 € - 5,49 € =
   c) 15,60 € : 6 =

(/3)

2. **Herr Jansen spart 5 Monate je 13,50 €. Frau Jansen 3 Monate je 11,20 €. Ihr Sohn Julian hat insgesamt 776 ct gespart. Wie viel Euro konnte die Familie zur Seite legen? Rechne im Heft.**

A: ______________________________ . **(/3,5)**

3. **Für das Schulfest verkauft die Klasse Erdbeereis, Schokokuchen und Waffeln, um die Klassenkasse zu füllen. Sie verkaufen 23-mal Erdbeereis. Mit den Schokokuchen habe sie 52,50 € eingenommen. Am Ende haben Sie 132,10 € in der Kasse. Wie viele Waffeln haben sie verkauft?**

1,2 €

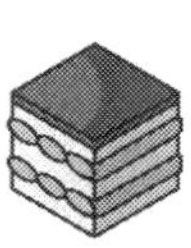
1,5 €

0,8 €

A: ______________________________ . **(/4,5)**

4. Ordne die Zeitspannen. Beginne dabei mit der Kürzesten.

54 min	1,5 h	3600 s	1 h 40 min	25 min

<

______________________________ **(/2,5)**

5. Timon benötigt für einen 5000-Meter Lauf für den ersten Kilometer 2 min 21 s, für den zweiten Kilometer 2 min. 40 s. Für den dritten Kilometer 2 min. 48 s und für den vierten Kilometer 2 min 33 s. Seine Gesamtzeit lag bei 12 min 50 s.

a) Wenn er um 12:49 h losgelaufen ist, wann ist er am Ziel angekommen?

A: ______________________________. **(/1)**

b) Wie lange hat er für den letzten Kilometer gebraucht?

A: ______________________________. **(/4,5)**

Diagramme

In einem Diagramm werden **Informationen grafisch dargestellt**. Sie sind leichter zu verstehen als Texte. Du kannst sie ablesen und dadurch auch interpretieren. Es gibt verschiedene Arten von Diagrammen, z.B.: **Säulendiagramme** und **Balkendiagramme**.

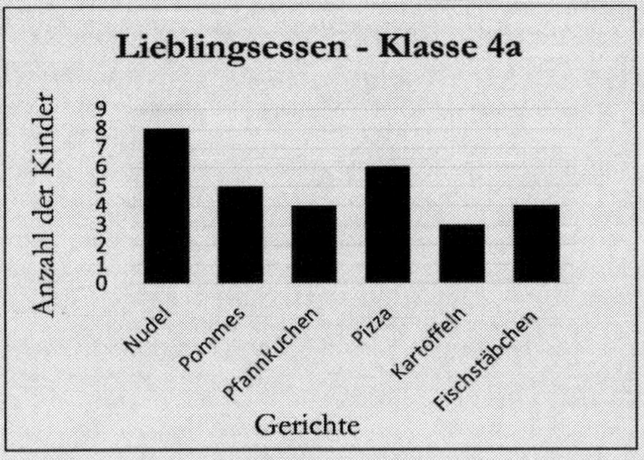

Säulendiagramm

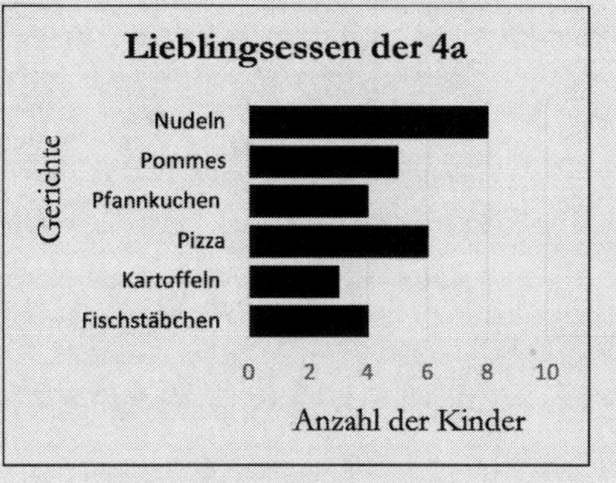

Balkendiagramm

1. **Bei den Schülerinnen und Schülern der Klasse 4e (30 Kinder) wurde eine Umfrage durchgeführt, welche ihre Lieblingsfächer sind. Ergänze die Tabelle und das Säulendiagramm.**

	Deutsch	Mathematik	Sport	Musik	Englisch
Anzahl	7	12	4		2

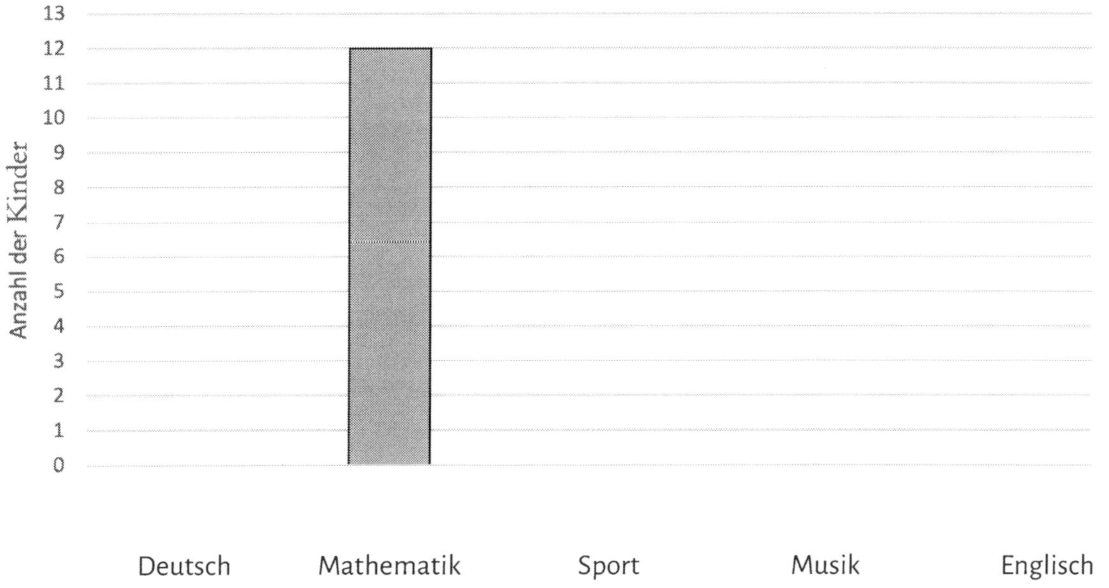

2. Vergleiche die beiden Diagramme zu Lieblingsobst der Klasse 4a und 4b.

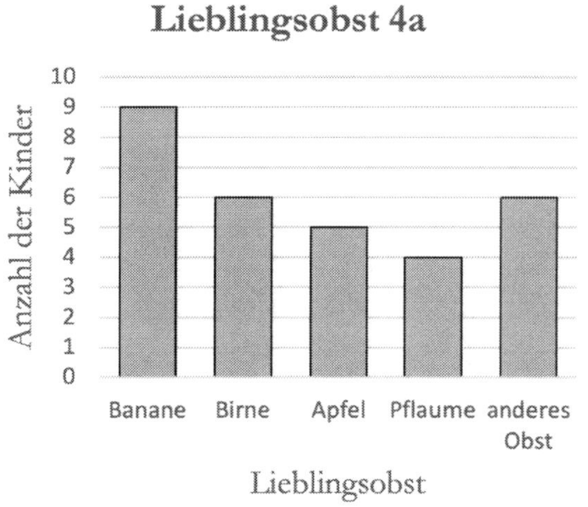

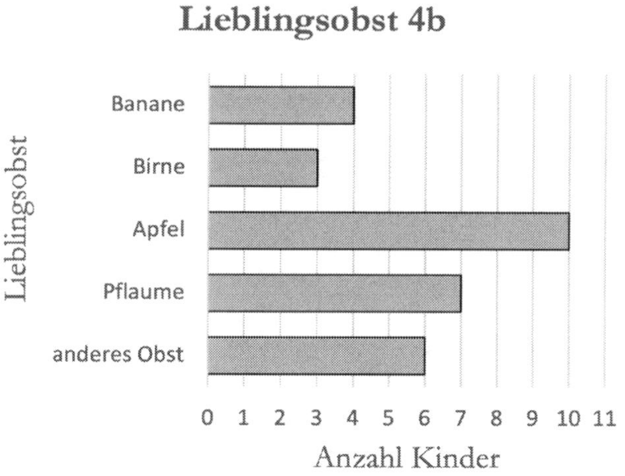

a) **Welches Obst wird am meisten in den beiden Klassen zusammen gegessen?**

____

Der Mathelehrer der Klasse 4a und 4b kauft insgesamt 15 Äpfel, 10 Birnen, 13 Bananen, 9 Pflaumen und 12-mal anderes Obst. Reicht das gekaufte Obst für beiden Klassen? Begründe!

____

____

3. Hier sind die Geschwindigkeiten verschiedener Tiere in Kilometer pro Stunde (km/h) zusammengefasst. Vervollständige das Balkendiagramm!

Maus	Schlange	Krabbe	Eisbär	Spinne	Fliege
13,5	3	3,5	10	1,5	8,5

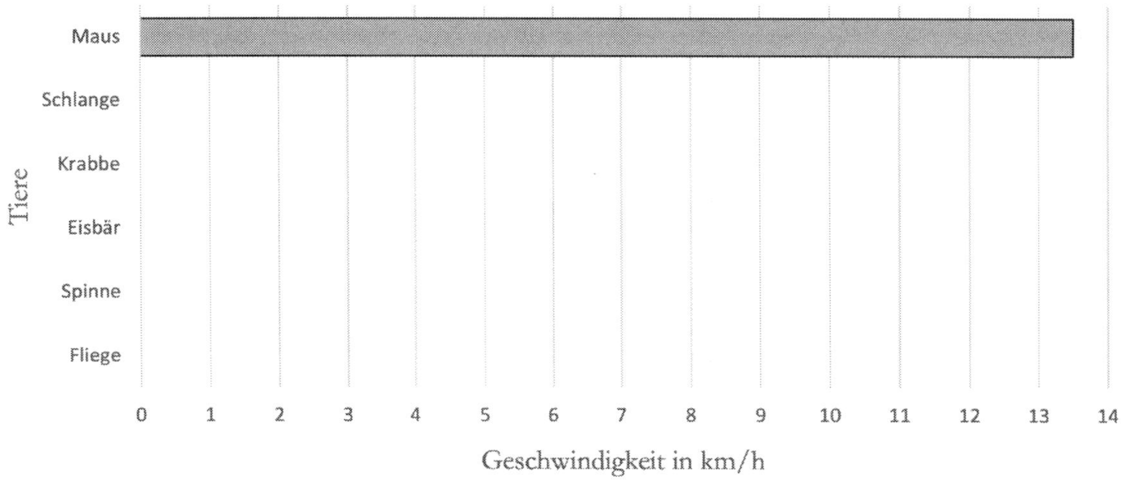

Teste dich (Diagramme)

1. Das Diagramm zeigt die durchschnittliche Höchsttemperatur Kölns für das Jahr 2020 im Jahresverlauf in Grad Celsius (°C).

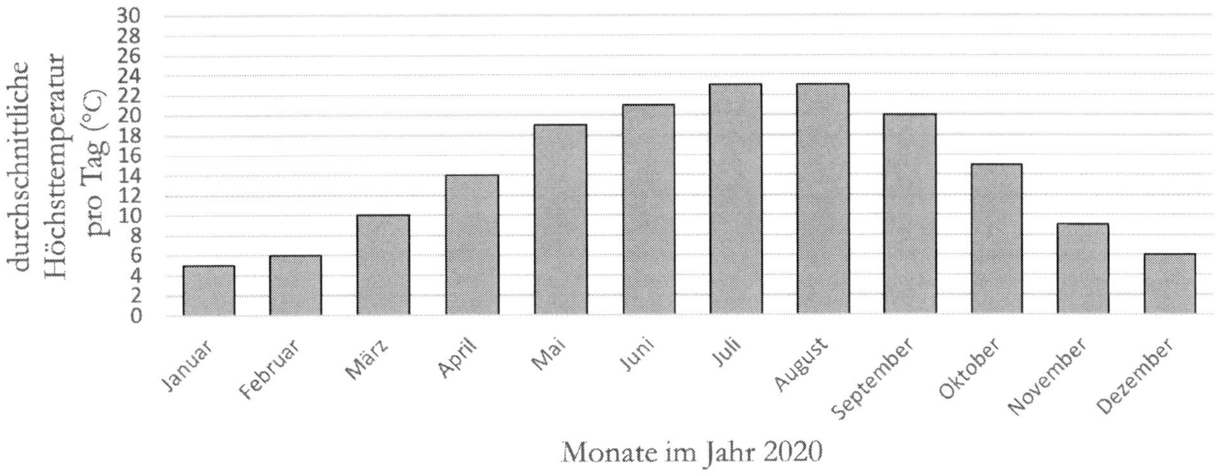

a) In welchem Monat(en) war es am wärmsten? ______________________________

b) In welchem Monat lag die Höchsttemperatur bei 10 °C ? _____________________ **(/2)**

2. Erstelle mithilfe der Aussagen ein Balkendiagramm zu einer Umfrage in der Klasse 4a zu Traumberufen.

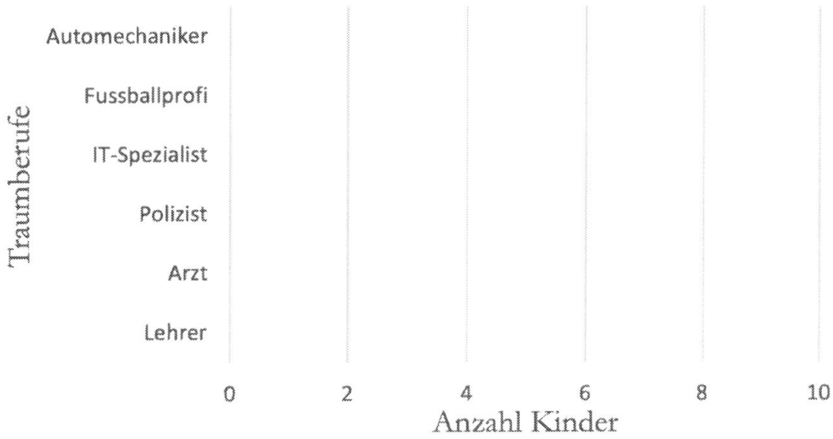

- Es haben sechs Kinder für IT-Spezialist abgestimmt.
- Es haben zwei Kinder mehr für Arzt als für IT-Spezialist abgestimmt.
- Es haben die Hälfte derer, die für IT-Spezialist abgestimmt haben, für Fußballprofi abgestimmt.
- Es haben doppelt so viele für Polizist, wie für Fussballprofi abgestimmt.
- Es haben fünf Kinder für Automechaniker gestimmt.
- Es sind insgesamt 30 Kinder in der Klasse. **(/6)**

Wahrscheinlichkeiten

Ereignisse passieren erst mal zufällig. Du kannst aber abschätzen, ob diese **„sicher“**, **„möglich“** oder **„unmöglich“** sind. Ereignisse, die möglich sind, können wir berechnen. Dabei kann dir ein **Baumdiagramm** helfen:
Beispiel: Du hast **zwei verschiedene Hüte** und **drei verschiedene Masken**. Am Ende hast du **sechs verschiedene Möglichkeiten** dich zu verkleiden.

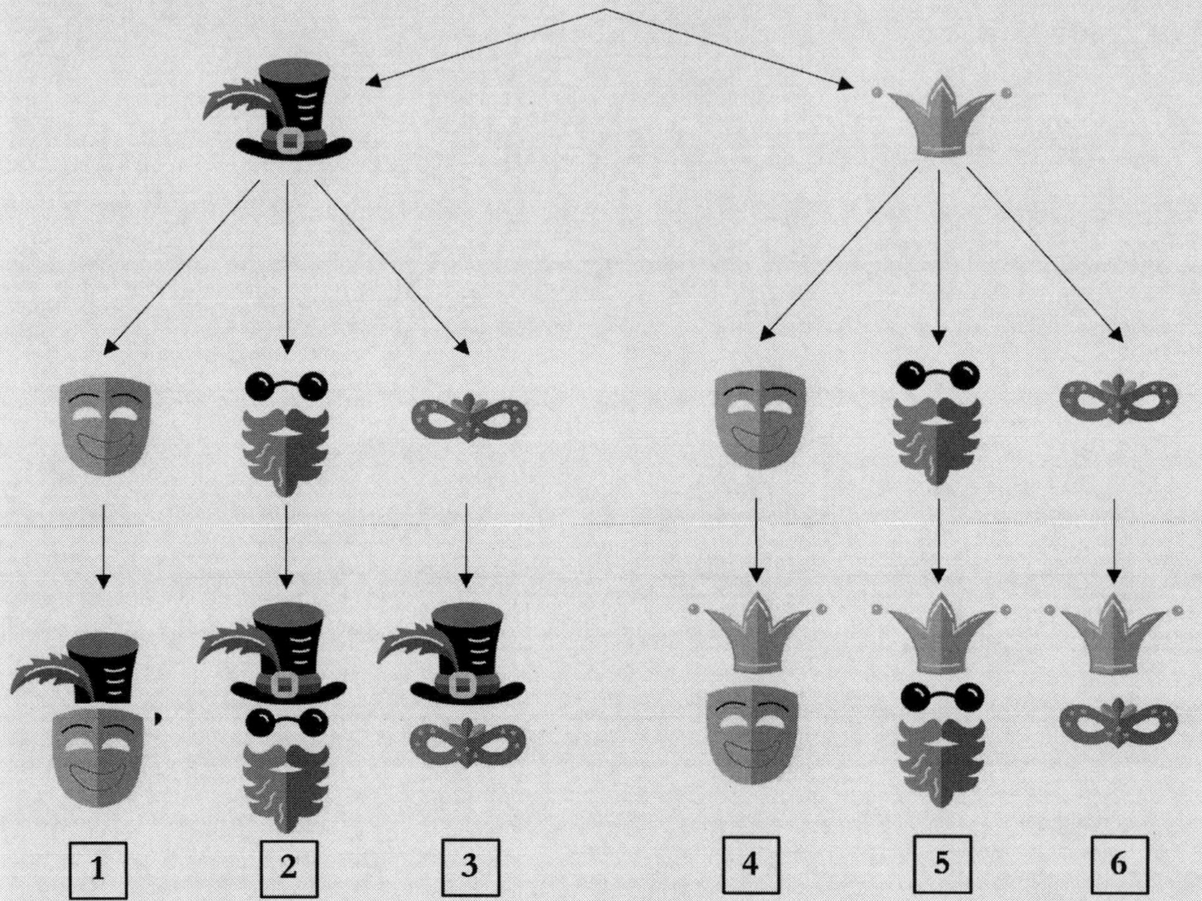

1. **Ein Stapel mit Ziffernkarten wird von Uli aufgedeckt. Er zieht folgende Ziffernkarten:**

1 **5** **6** **9**

Wie viele Möglichkeiten für die Anordnung der ersten beiden Plätze gibt es?

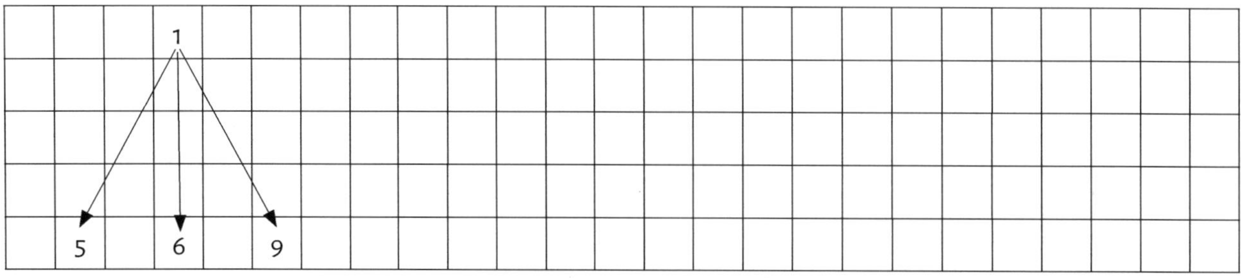

A: ____

2. In drei Säckchen sind weiße, schwarze und graue Kugeln enthalten. Welche der Aussagen passt zu den jeweiligen Säckchen? Es können auch mehrere richtig sein.

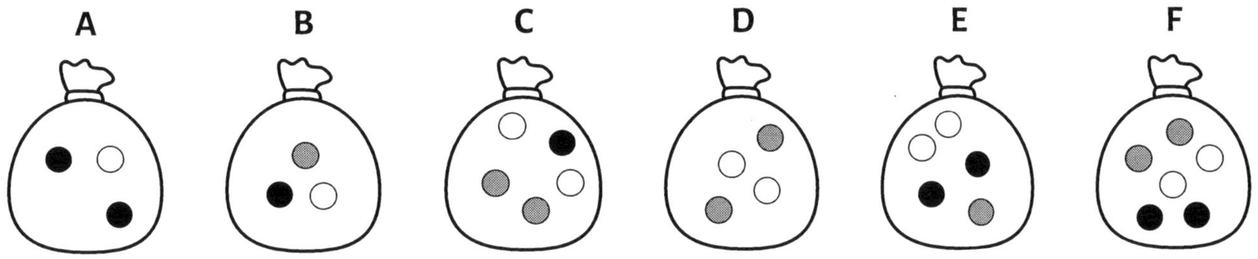

a) Die Chance, eine schwarze Kugel zu ziehen, ist unmöglich. ________________

b) Es ist gleich wahrscheinlich, dass du eine schwarze und eine graue Kugel ziehst. ________________

c) Es ist gleich wahrscheinlich, dass du eine weiße oder graue Kugel ziehst. ________________

d) Es ist am wahrscheinlichsten, dass du mit einer schwarzen Kugel gewinnst. ________________

3. Eine Aussage passt zu einem Glücksrad. Schreibe hinter jeder Aussage den passsenden Buchstaben.

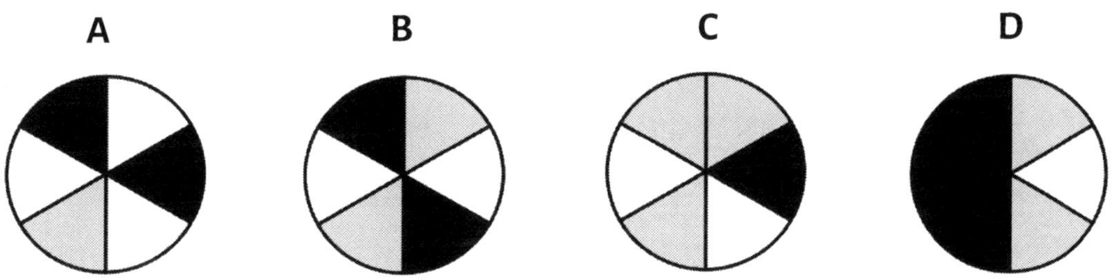

a) Die Wahrscheinlichkeit, dass grau gewinnt ist höher, als dass weiß oder schwarz gewinnt ________________

b) Die Chance, dass grau gewinnt ist am geringsten. ______________

c) Alle Farben gewinnen gleich wahrscheinlich. ______________

d) Die Wahrscheinlichkeit, dass weiß gewinnt, ist am geringsten. __________

Teste dich (Wahrscheinlichkeiten)

1. Leon hat 3 Monsterfiguren, die er auf sein Regal stellen möchte. Welche Möglichkeiten gibt es, die Figuren in einer Reihe anzuordnen? Zeichne das Baumdiagramm in dein Heft.

A

B

C

(/3)

2. Entscheide, welche Farben die Kugeln im Säckchen haben, und male sie dann an.

Thomas zieht zwei graue und eine schwarze Kugel und legt sie anschließend wieder zurück.

Dann zieht Fiona eine graue, eine schwarze und eine weiße Kugel.

(/2)

3. Auf dem Jahrmarkt siehst du folgende Glücksräder. Welche der Aussagen passt zu welchem Glücksrad? Es können auch mehrere richtig sein.

A

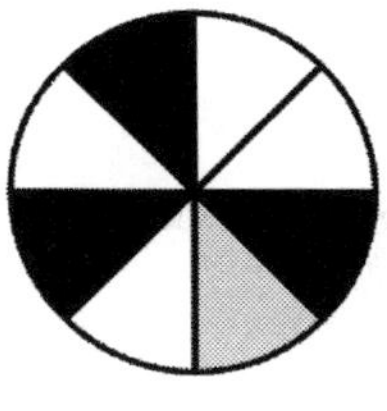

B

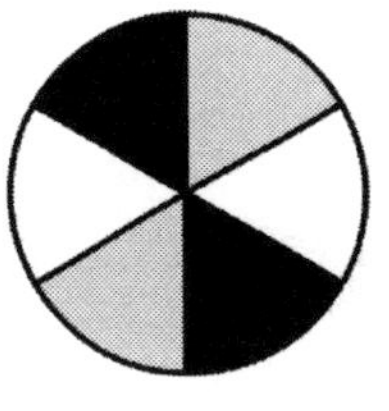

C

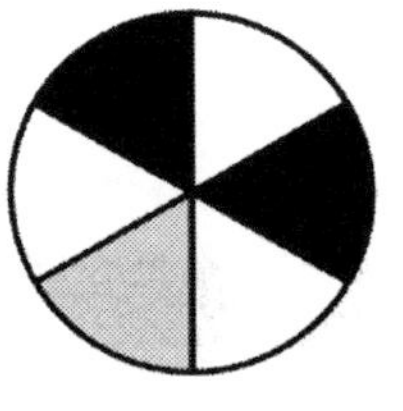

D

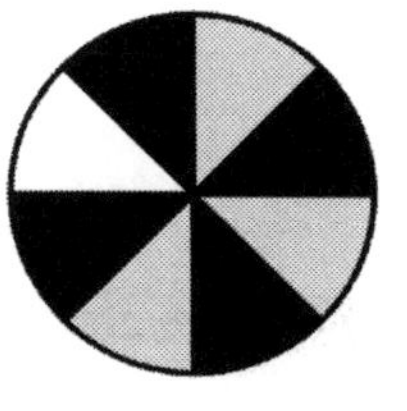

a) Es ist unwahrscheinlich, dass grau gewinnt, aber nicht unmöglich. ________________

b) Es ist gleich wahrscheinlich, dass alle Farben gewinnen. ____________

c) Hier ist die Gewinnchance für weiß am geringsten. _______________

d) Hier ist die Gewinnchance für weiß am höchsten. ________________ **(/4)**

Körper-, Würfel- und Quadernetze

Geometrische Körper sind dreidimensionale Figuren, die aus (verschiedenen) Flächen bestehen. Die in der Schule am häufigsten behandelten Körper sind:

Würfel **Quader** **Pyramide** **Zylinder** **Kegel** **Kugel**

Die meisten geometrischen Körper haben **Ecken**, **Flächen** und **Kanten**.

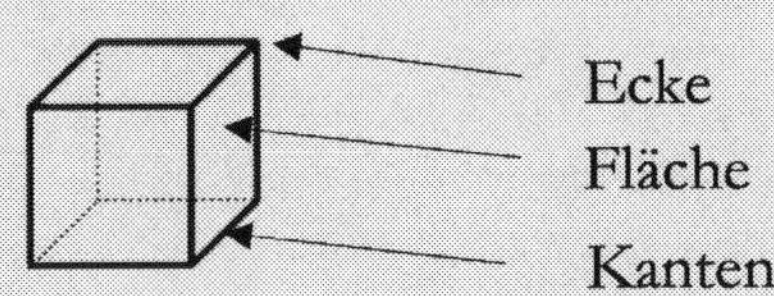

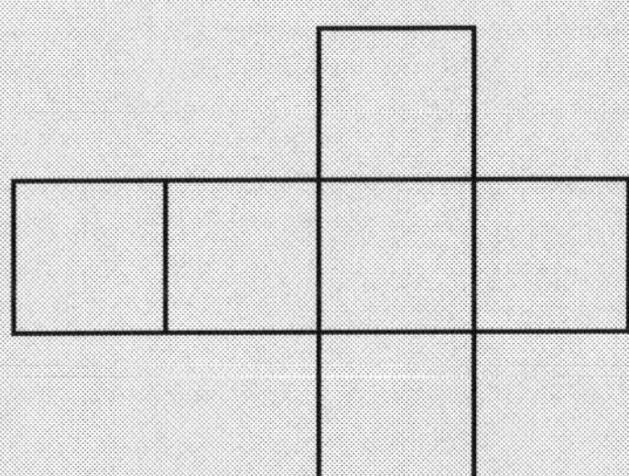

Wenn du die Körper **an einigen Kanten aufschneidest**, kannst du diese auffalten und es entsteht ein **Körpernetz**. Hier sieht du das Körpernetz eines **Würfels**.

1. Wie viele Ecken, Flächen und Kanten haben die geometrischen Körper?

Der Quader hat ___________ Ecke(n). Die Kugel hat ___________ Kante(n).

Der Würfel hat ___________ Fläche(n). Die Pyramide hat _________ Ecke(n).

Der Zylinder hat ___________ Ecke(n), ________ Fläche(n) und ________ Kante(n).

Der Kegel hat __________ Fläche(n), __________ Kante(n) und _________ Ecke(n).

2. Male die Netze aus, die einen Würfel darstellen!

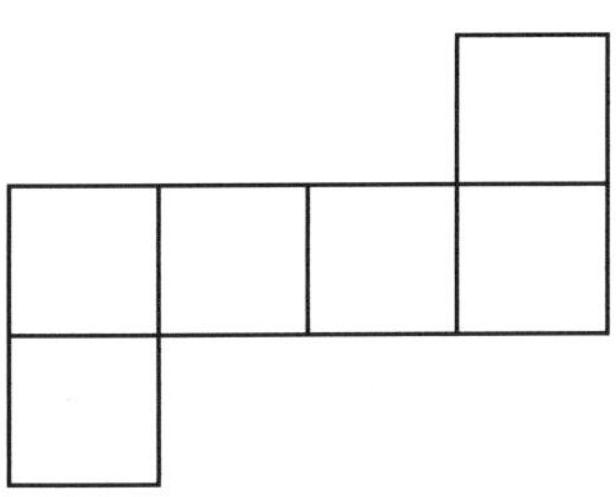

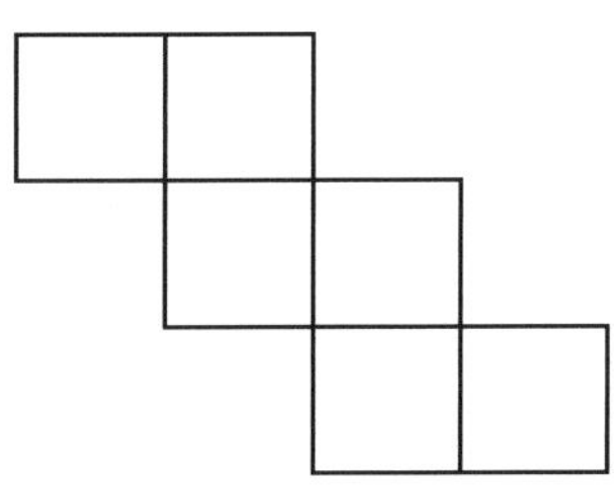

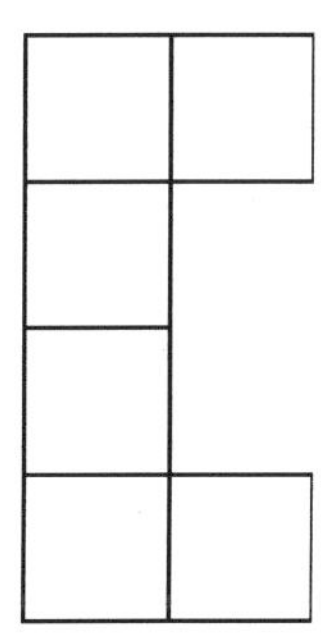

Teste dich (Körper-, Würfel- Und Quadernetze)

1. **Fülle die Tabelle aus!**

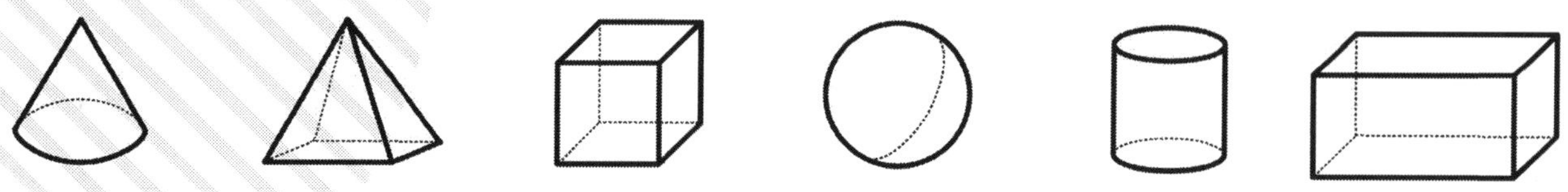

A B C D E F

Figur	Name	Anzahl Ecken	Anzahl Flächen	Anzahl Kanten
A				
B				
C				
D				
E				
F				

(/12)

2. **Welches der drei Netze stellt einen Quader dar? Kreuze an!**

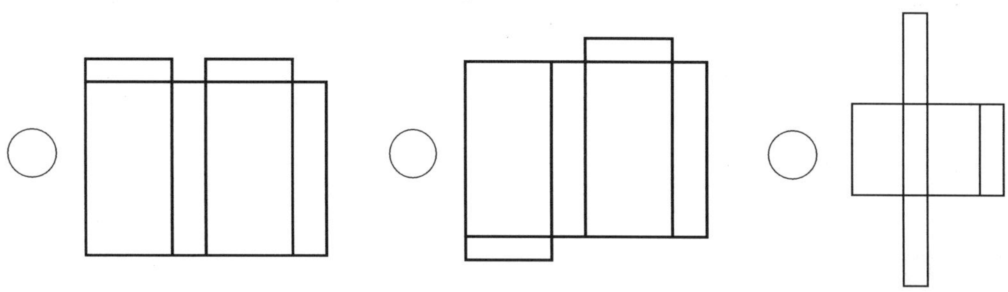

(/2)

3. **Die Summe der Zahlen, die gegenüberliegen, ergibt immer sieben. Ergänze die fehlenden Zahlen!**

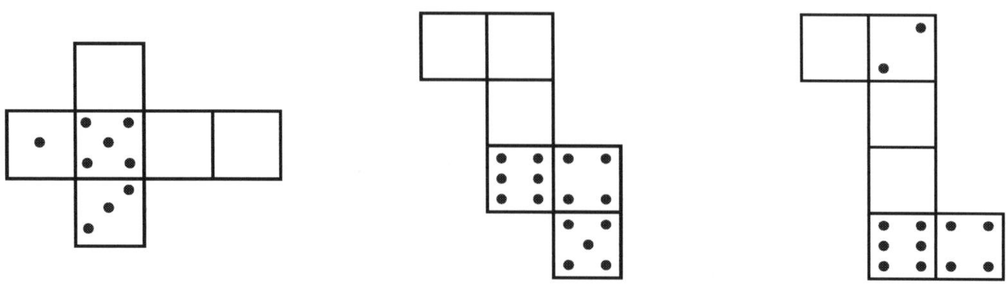

(/4,5)

Englisch

Introduce yourself (sich vorstellen)

Germany	Deutschland	**three**	drei
Sweden	Schweden	**four**	vier
Denmark	Dänemark	**five**	fünf
The Netherlands	Niederlande	**six**	sechs
Great Britain	Großbritannien	**seven**	sieben
Austria	Österreich	**eight**	acht
France	Frankreich	**nine**	neun
Spain	Spanien	**ten**	zehn
Italy	Italien	**eleven**	elf
Poland	Polen	**twelve**	zwölf
one	eins	**thirteen**	dreizehn
two	zwei	**twenty**	zwanzig

Hello! / Good morning /evening!	Hallo / Guten Morgen /Abend!
Nice to meet you!	Nett dich kennenzulernen!
How are you?	Wie geht es dir?
I'm fi ne /good/ sad	Mir geht es ausgezeichnet/gut/traurig
I'm tired.	Ich bin müde.
Whats your name? - My name is ...	Wie heißt du? – Mein Name ist/Ich heiße...
Where are you from? - I'm from ...	Woher kommst du? – Ich bin aus...
How old are you? - I'm ... (years old).	Wie alt bist du? Ich bin ... (Jahre alt).
Goodbye!	Auf Wiedersehen!
Have a nice day!	Schönen Tag noch!
See you later!	Bis später!

1. **Connect the questions with the matching answers. - Verbinde die Fragen mit den passenden Antworten.**

How are you?	I'm 10 years old.
What´s your name?	I'm fine.
Where are you from?	My name is Thomas.
How old are you?	I'm from Poland.

2. **Translate the numbers in German. Write complete words. - Übersetze die Zahlen ins Deutsche. Schreibe ganze Wörter.**

two - ________________ nine - ________________ three - ________________

twenty - ________________ eleven - ________________ thirteen - ________________

3. **Do you know what Italy is popular for? Watch the pictures and write the English name of the country. - Weißt du, wofür Italien bekannt ist? Schau dir die Bilder an und schreibe den englischen Namen des jeweiligen Landes auf.**

________________ ________________ ________________

4. **Read the conversation and complete the missing words. - Lies die Unterhaltung und ergänze die fehlenden Wörter.**

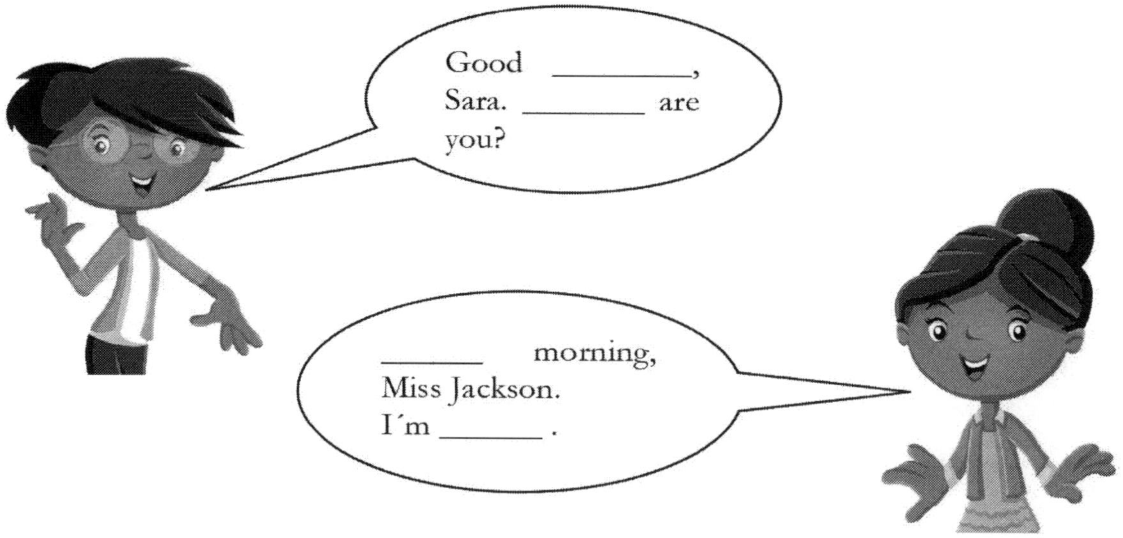

5. **Introduce yourself in English. Write down sentences about your name, age and country of origin. - Stelle dich auf Englisch vor. Schreibe Sätze zu deinem Namen, deinem Alter und dein Herkunftsland auf.**

What´s your name? - ____.

How old are you? - ____.

Where are you from? - ____.

Body and adjectives (Körper und Adjektive)

head	Kopf	**red**	rot
hair	Haare	**green**	grün
ear, -s	Ohr,-en	**blue**	blau
eye, -s	Auge,-n	**yellow**	gelb
nose	Nase	**grey**	grau
mouth	Mund	**happy**	glücklich
tooth, teeth	Zahn, Zähne	**sad**	traurig
neck	Hals	**angry**	wütend
cheek, -s	Wange,-n	**surprised**	überrascht
back	Rücken	**bored**	gelangweilt
arm, -s	Arm,-e	**nervous**	nervös
hand, -s	Hand, Hände	**friendly**	freundlich
finger, -s	Finger, Finger	**rude**	unfreundlich
belly	Bauch	**loud**	laut
leg, -s	Bein,-e	**quiet**	leise
foot, feet	Fuß, Füße	**tall**	groß
black	schwarz	**small**	klein
white	weiß	**pretty**	hübsch
brown	braun	**nice**	schön

1. **Name the body parts. - Beschrifte die Körperteile.**

2. **How does the person feel? Write the matching adjective. - Wie fühlt sich die Person? Schreibe das passende Adjektiv.**

3. **Listen to the personal description. Which of the following adjectives describe Sam? Tick the box. – Höre dir die Personenbeschreibung an. Welche der folgenden Adjektive beschreiben Sam? Kreuze an.**

appearance: ◯ tall ◯ small

hair: ◯ black ◯ grey

eyes: ◯ green ◯ blue

character: ◯ quiet ◯ loud ◯ friendly ◯ rude

feelings: ◯ angry ◯ bored ◯ happy

Test yourself (introduce yourself, body and adjectives)

1. Add the missing numbers. - Ergänze die fehlenden Zahlen.

one	two		four
five		seven	
nine	ten		twelve
thirteen	fourteen	fiveteen	sixteen
seventeen	eighteen	nineteen	

(/5)

2. Two boys are introducing themselves. Read through the conversation and write down their names, ages, backgrounds and how they feel. - Zwei Jungen stellen sich vor. Lies dir die Unterhaltung durch und schreibe ihre Namen, Alter, Herkunft und wie sie sich fühlen auf.

(Franco): Hello, my name is Franco.
(Simon): Hi, Franco, how are you?
(Franco): I'm fi ne. And you? How are you?
(Simon): Oh, thank you. I'm good.
(Franco): Happy to hear that. What's your name, by the way?
(Simon): Oh, I forgot to introduce myself. I'm Simon. I'm from France. And where are you from?
(Franco): I'm from Italy.
(Simon): How old are you, Franco?
(Franco): I'm twelve years old, and you?
(Simon): Two years older than you. I'm fourteen.

	boy 1	**boy 2**
name		
how they feel		
age		
home country		

(/8)

3. **Six body parts are hidden in this puzzle vertically (from top to bottom) and horizontally (from left to right). Can you find them? - Sechs Körperteile verstecken sich in diesem Wortgitter senkrecht (von oben nach unten) und waagerecht (von links nach rechts). Kannst du sie finden?**

K	A	T	N	W	T	L	U	S	Y
G	L	E	Z	I	O	O	W	W	S
M	O	U	T	H	K	E	H	N	Z
X	Z	N	C	E	Q	J	X	E	F
U	B	J	S	H	P	U	I	C	F
V	Y	V	E	I	R	D	K	K	I
V	F	O	O	T	N	R	Q	S	N
G	F	F	W	E	I	I	T	T	G
B	E	L	L	Y	T	E	M	K	E
E	Y	E	H	S	A	Q	M	U	R

(/6)

4. **Write the opposite of the given adjective. - Schreibe das Gegenteil des vorgegebenen Adjektivs.**

sad - ______________________

quiet - ______________________

black - ______________________

tall - ______________________

friendly - ______________________

(/5)

School (Schule)

English	Englisch	**folder, -s**	Hefter
German	Deutsch	**pencil, -s**	Bleistift, -e
maths	Mathe	**scissors**	Schere
art	Kunst	**ruler**	Lineal
music	Musik	**glue**	Kleber
history	Geschichte	**calculator**	Taschenrechner
physical education	Sport	**pen, -s**	Stift, -e
biology	Biologie	**pencil case**	Federmappe
chemistry	Chemie	**(pencil) sharpener**	Bleistift-Anspitzer
physics	Physik	**rubber**	Radiergummi
book, -s	Buch, -er	**compass**	Zirkel
exercise book, -s	Heft, -e	**desk**	Schreibtisch
school bag	Schulmappe, -n	**chair**	Stuhl

1. **What school materials are we looking for? Add the missing letters.- Nach welchen Schulmaterialien suchen wir? Ergänze die fehlenden Buchstaben.**

   a) ____ L ____ ____

   b) ____ C I ____ ____ ____ ____ ____

   c) R ____ ____ ____ ____

2. **Look at the timetable. What do the shortcuts stand for? Add the missing letters. - Schau dir den Stundenplan an. Wofür stehen die Abkürzungen? Ergänze die fehlenden Buchstaben.**

monday
MA
A
GER
HIS

3. **Something went wrong. Underline the errors. - Etwas ist schiefgelaufen. Unterstreiche die Fehler.**
   Every morning I put my folda in the school beg. At school I place my pencil cas on top of the desk next to my exersise books.

4. **Correct the text from no 3. Korrigiere den Text aus Aufgabe 3.**

   ____

   ____

Home and family (Zuhause und Familie)

mother	Mutter	**living room**	Wohnzimmer
father	Vater	**nursery room**	Kinderzimmer
parents	Eltern	**bedroom**	Schlafzimmer
brother	Bruder	**hallway**	Flur
sister	Schwester	**balcony**	Balkon
siblings	Geschwister	**garden**	Garten
grandmother	Großmutter	**stairs**	Treppe
grandfather	Großvater	**door**	Tür
grandparents	Großeltern	**window**	Fenster
uncle	Onkel	**roof**	Dach
aunt	Tante	**basement**	Keller
cousin	Cousin,(e)	**to learn**	lernen
daughter	Tochter	**to play**	spielen
son	Sohn	**to work**	arbeiten
children	Kinder	**to sleep**	schlafen
wife	(Ehe-)Frau	**to sit**	sitzen
husband	(Ehe-)Mann	**to live**	wohnen
wardrobe	Kleiderschrank	**to cook**	kochen
bed	Bett	**to wash**	waschen
lamp	Lampe	**to visit**	besuchen
bookshelf	Bücherregal	**to start**	starten
curtain	Vorhang	**to prepare**	vorbereiten
carpet	Teppich	**to dress**	(sich) anziehen
table	Tisch	**to wash**	(sich) waschen
chair	Stuhl	**to brush teeth**	Zähne putzen
kitchen	Küche	**to leave**	verlassen
bathroom	Badezimmer	**to walk**	laufen

Simple present

3. singular simple present	Beispiele
In der 3. Person des Simple Present kommt an das Verb ein **-s.** I – work You – work He/she/ it – work**s** **Merksatz:** He, she, it: das "**s**" muss mit. **Achtung:** Steht am Ende der Grundform ein -s, -o oder -h, dann endet das Verb in der 3. Person Singular mit **-es.**	She **lives** on the second floor. He **works** in the office. My brother **sleeps** in the living room. My mother **cooks** Spaghetti. **Sonderformen**: to be – she is to have – she has **Verben auf -s, -o, oder -h:** to dress – she dress**es** to go – she go**es** to wash – she wash**es**

1. **Who is who? Complete the relative we are looking for. - Wer ist wer? Ergänze das gesuchte Familienmitglied.**

a) The daughter of my mother is my ______________.

b) The husband of my aunt is my ________________.

c) The son of my daughter is my ________________.

d) The daughter of my sister is my _______________.

2. **Label the parts of the house! - Beschrifte die Teile des Hauses.**

____

____

____

____

____

____

3. Which rooms are we looking for? Write down the names. - Nach welchen Zimmern suchen wir? Schreibe die Namen auf.

a) Sam is in the OOMRTHBA: ______________.

b) Nadine is in the ECHNIKT: ______________.

c) Toby is in the WHYALLA: ______________.

d) Lin and Frank are in the YNRSRUE OORM: _______.

4. Can you name the furniture in Anthony's room? - Kannst du die Möbelstücke in Anthonys Zimmer benennen?

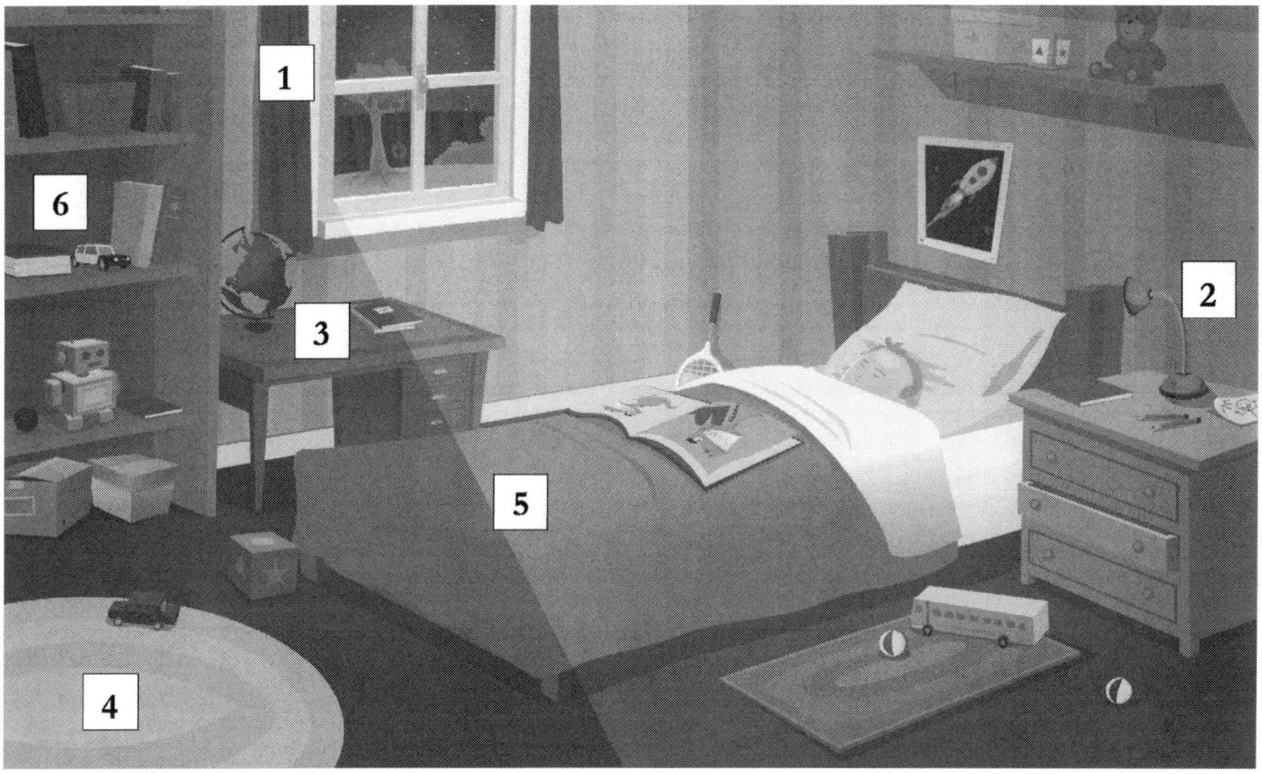

1: ____________ 2: ____________ 3: ____________

4: ____________ 5: ____________ 6: ____________

5. A day in Sally's life. Complete the text with the verbs in the third person singular simple present! - Ein Tag in Sallys Leben. Ergänze die Verben in der dritten Person Singular Präsens!

Sally (be) _________ 9 years old and (visit) _________ the fourth grade of elementary school. Every school day (start) _________ at 7 in the morning. While Sally's mother (prepare) _________ breakfast, Sally (dress) _________ herself. After that, she (wash) _________ her face and (brush) _________ her teeth in the bathroom. At about 7:30 a.m. Sally (leave) _________ the house and (walk) _________ to school.

6. Translate the text from task 5 into German into your exercise book. Use a dictionary or a translator. - Übersetze den Text aus Aufgabe 5 auf Deutsch in dein Heft. Benutze ein Wörterbuch oder einen Übersetzer.

Test yourself (school, home and family)

1. What school subjects are we looking for? - Nach welchen Schulfächern suchen wir?

____________ ____________ ____________ ____________

(/4)

2. Write the correct number next to the matching object. - Schreibe die richtige Nummer neben den passenden Gegenstand.

1. scissors – 2. glue – 3. pencil – 4. school bag – 5. ruler – 6. rubber – 7. calculator

(/7)

3. What are the children doing in the pictures? Write short sentences. - Was machen die Kinder auf dem Bild? Schreibe kurze Sätze.

She ____________. He ____________. She ____________. He ____________.

(/4)

4. **Who is where? Listen to the audio File and write down where each family member is located where. - Wer ist wo? Hör dir die Audiodatei an und notiere, wo sich welches Familienmitglied befindet.**

Who?	Where?
	Parents‘ room
father	
	garden
grandmother	
uncle	

(/5)

5. **Who is where? Write down which family member is located. Wo ist wer? Schreibe auf, wo sich welche Familienmitglieder aufhalten.**

The *mother* is in the ______________________.

______________________ is in the ______________________.

______________________ is in the ______________________.

______________________ is in the ______________________.

______________________ is in the ______________________. (/6)

Animals (Tiere)

dog, -s	Hund, -e	**goose, geese**	Gans, Gänse
breed, -s	Rasse, -n	**spider, -s**	Spinne, -n
crossbreed, -s	Mischling, -e	**snake, -s**	Schlange,-n
cat, -s	Katze, -n	**fish**	Fisch,-e
budgie	Wellensittich	**bird, -s**	Vogel, Vögel
rabbit, -s	Kaninchen	**parrot, -s**	Papagei, -en
hamster, -s	Hamster	**butterfly, butterflies**	Schmetterling, -e
guinea pig, -s	Meerschweinchen	**fox, -es**	Fuchs, Füchse
cow, -s	Kuh, Kühe	**bear, -s**	Bär, -en
pig, -s	Schwein, -e	**wild boar, -s**	Wildschwein, -e
horse, -s	Pferd, -e	**squirrel, -s**	Eichhörnchen
donkey, -s	Esel, Esel	**mouse, mice**	Maus, Mäuse
sheep	Schaf, -e	**rat, -s**	Ratte, -n
lamb, -s	Lamm, Lämmer	**monkey, -s**	Affe, -n
goat, -s	Ziege, -n	**lion, -s**	Löwe, -n
duck, -s	Ente, -n	**tiger, -s**	Tiger, Tiger
chicken, -s	Huhn, Hühner	**elephant, -s**	Elefant, -en
rooster, -s	Hahn	**zebra, -s**	Zebra, -s

• **Do you have** a pet? ○ Yes, I have a dog! • Which breed is your dog? ○ It's a crossbreed! • **Do you prefer** cats or dogs? ○ **I like** cats **better than** dogs.	• **Hast du** ein Haustier? ○ Ja, ich habe einen Hund. • Welche Rasse ist dein Hund? ○ Es ist ein Mischling. • **Magst du lieber** Katzen oder Hunde? ○ **Ich mag** Katzen **lieber als** Hunde.
• **Do you know** farm animals? ○ Yes, I know pigs and cows! • **Have you ever been** to a farm? ○ My grandfather has a farm!	• **Kennst** du Tiere auf dem Bauernhof? ○ Ja, ich kenne Schweine und Kühe! • **Warst du schonmal** auf einem Bauernhof? ○ Mein Großvater hat einen Bauernhof.
• **What's your favorite** animal? ○ Tigers are my favorite animals.	• **Was ist dein Lieblings**tier? ○ Tiger sind meine Lieblingstiere.

Lerne in „Chunks"! Das Wort „Chunks" ist Englisch und bedeutet **„Brocken"**. Anstatt Vokabeln lernst du einen „Brocken" von Wörtern, die zusammen einen Sinn ergeben. Diese Brocken werden auch **Sinneinheiten** genannt. Wenn du Wörter **in Sinneinheiten lernst**, kannst du schneller Fragen und Sätze bilden.

Do you have ...?	Hast du ...?	**Do you know ...?**	Kennst du ...?
Do you prefer ... or ...?	Magst du lieber ...oder ...?	**Have you ever been to ...?**	Warst du schonmal in ...?
I like ... better than	Ich mag ... lieber als ...	**What's your favorite ...?**	Was ist dein Lieblings- ...?

1. Underline all wild animals in the word cloud. - Unterstreiche alle Wildtiere in der Wortwolke.

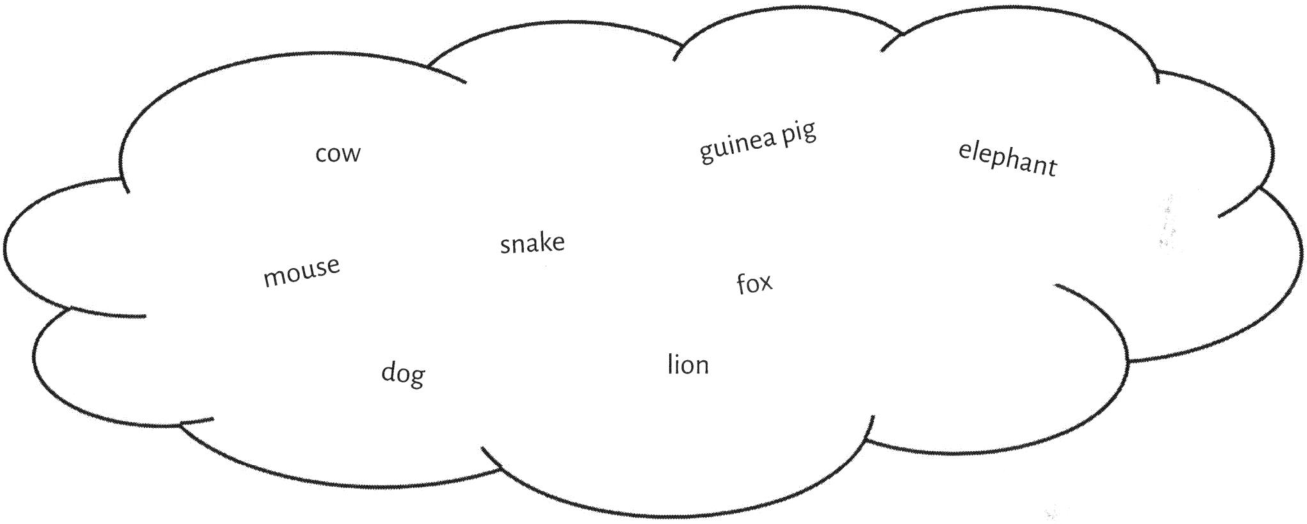

2. What is the name of this animal? Write in English! - Wie heißt dieses Tier? Schreibe auf Englisch!

______________ ______________ ______________ ______________ ______________ ______________

3. **Seven animals are hidden in this puzzle vertically (from top to bottom) and horizontally (from left to right). - Sieben Tiere verstecken sich in diesem Wortgitter senkrecht (von oben nach unten) und waagerecht (von links nach rechts).**

S	P	I	D	E	R	V	X	P	Y	N	M
P	N	U	C	X	R	A	N	M	I	R	G
S	R	Q	M	T	L	S	W	O	D	A	L
S	X	G	O	A	T	N	Y	N	W	T	E
L	J	K	F	O	X	D	R	K	P	M	Y
C	V	B	F	Y	Y	B	C	E	T	U	A
X	A	I	P	Y	J	I	S	Y	V	B	U
J	Y	Z	R	S	Q	U	I	R	R	E	L
K	O	Z	E	L	S	S	G	O	O	S	E
P	X	S	J	Q	O	M	Q	F	L	K	T
L	H	Q	S	Q	J	U	L	Q	Z	M	D
A	T	J	U	S	W	J	V	Q	S	C	D

4. **Which animal do you prefer? Translate into English as shown in the example. - Welches Tier magst du lieber? Übersetze auf Englisch wie in dem Beispiel.**

a) Ich mag Gänse lieber als Hühner. - I like geese better than chickens.

b) Ich mag Elefanten lieber als Zebras. - ______________________________

____.

c) Ich mag Papageien lieber als Wellensittiche. - ______________________________

____.

d) Ich mag Mäuse lieber als Ratten. - ______________________________

____.

e) Ich mag Esel lieber als Pferde. - ______________________________

____.

5. Read through the conversation. Write down which animals the kids like. – Lies dir die Unterhaltung durch. Notiere, welche Tiere die Kinder mögen.

Jenny: I like birds better than fish. My favorite bird is a parrot. But I also like a lot of wild animals. I prefer lions to tigers.

Will: I don't like wild boars. They are really dangerous. But I like squirrels and bears. My pet is a dog. I prefer dogs to cats.

Dennis: I have never had a pet. But I really want to have a cat. Cats are my favorite animals. I also like tigers. Last summer we went to a butterfly farm. And now butterflies are one of my favorite animals, too. They are really pretty.

Lilly: My favorite animal is unsusal. Because I really like rats. I have three rats at home. First, my parents wanted to buy a rabbit or a hamster. But I prefer rats to every other pet. First, they didn't like the idea. But now my parents like our rats, too.

	likes
Jenny	
Will	
Dennis	
Lilly	

Hobbies and sports (Hobbys und Sportarten)

to play the guitar	Gitarre spielen	**to read**	lesen
to play videogames	Videospiele spielen	**to draw**	zeichnen
to do handicrafts	basteln	**to travel**	reisen
to watch films	Filme schauen	**to go for a walk**	spazieren gehen
to cook	kochen	**to go fishing**	angeln
to dance	tanzen	**to ride a bike**	Fahrrad fahren
to sing	singen	**to ride a horse**	reiten
to paint	malen	**to meet friends**	Freunde treffen

What are your hobbies? • **I can play** the guitar. And you? • **I love to** dance and **I like to** travel.	**Welche Hobbys hast du**? • **Ich kann** Gitarre spielen. Und du? • **Ich liebe es** zu tanzen und ich reise **gern.**

to play	spielen	**to go**	machen
- **football**	- Fußball	- **swimming**	- Schwimmsport
- **table tennis**	- Tischtennis	- **cycling**	- Radsport
- **tennis**	- Tennis	- **dancing**	- Tanzsport
- **volleyball**	- Volleyball	- **(ice) skating**	- Schlittschuhsport
- **basketball**	- Basketball	- **skiing**	- Skisport
- **(ice) hockey**	- (Eis-) Hockey	- **boxing**	- Boxsport
- **handball**	- Handball	**to do**	
- **chess**	- Schach	- **judo**	- Judo
		- **gymnastics**	- Gymnastik

Which sports do you do? • **I play** soccer and table tennis. • **I go** swimming and cycling.	**Welche Sportarten machst du?** • **Ich spiele** Fußball und Tischtennis. • **Ich mache** Schwimm- und Radsport

Present Progressive

Im Englischen gibt es **zwei Präsens-Formen**. Neben dem **Simple Present** gibt es das **Present Progressive.** Im Present Progressive endet die Grundform der Verben auf **-ing.**

Simple Present: I play, she plays
Present Progressive: I am playing, she is playing

Das Present Progressive wird für alle Aktivitäten benutzt, die **einen Verlauf** (eine gerade stattfindende Handlung) beschreiben. Deshalb haben **alle aktiven Verben** (talk, walk, play, read, write...) eine Present Progressive-Form.

Simple Present: I play the guitar.
→ Der Satz bedeutet, dass du Gitarre spielen kannst, aber es im Moment nicht tust.
Present Progressive: I am playing the guitar.
→ Der Satz bedeutet, dass du jetzt gerade Gitarre spielst.

Nach dem Verb "go" steht das zweite Verb immer im **Present Progressive:**

I **go** boxing. I **go** swimming. I **go** dancing.

Nach dem Verb "can" steht das zweite Verb immer im **Simple Present:**

I **can** box. I **can** swim. I **can** dance.

1. **Connect the pictures with the words. – Verbinde die Bilder mit den Wörtern.**

to play the guitar | to go fishing | to paint | to ride a horse

2. **Which of these hobbies can also be sports? Underline them! - Welche dieser Hobbys können auch Sportarten sein? Unterstreiche sie!**

ice skating
reading
meeting friends
dancing
video-playing
cycling
writing
skiing

3. **Write in the present progressive as given in the example! - Schreibe im Present Progressive wie in dem Beispiel.**

   a) I like to cook. - I like cooking.

   b) I like to paint - I like ________________ .

   c) I like to play table tennis. - I like ____________________ .

4. **What are your hobbies? Complete the sentences! - Was sind deine Hobbys? Ergänze die Sätze!**

   a) I like to _______________________________ .

   b) I love to _______________________________ .

   c) I can _________________________________ .

   d) I do __________________________________ .

5. **Read the conversation. Note what sports the children do. – Lies dir die Unterhaltung durch. Notiere, welche Sportarten die Kinder machen.**

Jenny: I like to meet friends and I like reading. I also do sports. Every Tuesday and Friday I go swimming.

Will: After school, I like to play videogames with my friends. I can play the drums and the piano. Later I want to become a professional musician. Every Sunday, I play soccer with my two brothers.

Dennis: Sports are my biggest passion. I am in a basketball team. I also play handball and I go boxing.

Lilly: Traveling and watching films are my hobbies. In summer, I go inline skating and in winter I go ice skating.

	does
Jenny	
Will	
Dennis	
Lilly	

Food and drinks (Essen und Trinken)

tomato, -es	Tomate, -n	**yoghurt**	Joghurt
pepper, -s	Paprika,- s	**milk**	Milch
onion, -s	Zwiebel, -n	**sparkling water**	Sprudelwasser
garlic	Knoblauch	**coffee**	Kaffee
mushroom, -s	Pilz, -e	**tea**	Tea
potato, -es	Kartoffel, -n	**cocoa**	Kakao
bean, -s	Bohne, -n	**juice**	Saft
pumpkin, -s	Kürbis, -se	**soda**	Limonade
carrot, -s	Mohrrübe, -n	**wine**	Wein
corn	Mais	**bread**	Brot
cucumber, -s	Gurke, -n	**sandwich, -es**	belegte, -s Brötchen
eggplant, -s	Aubergine, -n	**cake**	Kuchen
spinach	Spinat	**cookie, -s**	Keks, -e
apple, -s	Apfel, Äpfel	**cereals**	Müsli
orange, -s	Orange, -n	**rice**	Reis
banana, -s	Banane, -n	**sausage, -s**	Wurst, Würste
pear, -s	Birne, -n	**French fries**	Pommes
apricot, -s	Aprikose, -n	**salad**	Salat
watermelon, -s	Wassermelone, -n	**sauce**	Soße
grape, -s	Weintraube, -n	**soup**	Suppe
lemon, -s	Zitrone, -n	**flour**	Mehl
pineapple, -s	Ananas, -se	**butter**	Butter
cherry, -ies	Kirsche, -n	**sugar**	Zucker
strawberry, -ies	Erdbeere, -n	**salt**	Salz
chicken	Hühnchen	**herb, -s**	Kraut, Kräuter
beef	Rindfleisch	**spices**	Gewürze
pork	Schweinefleisch	**ketchup**	Ketchup
bacon	Schinken	**mustard**	Senf
egg, -s	Ei, -er	**nut, -s**	Nuss, Nüsse
cheese	Käse	**sweet, -s**	Süßigkeit, -en

Plural (Mehrzahl)

Regelmäßige Namenwörter (Nomen) enden im Englischen **auf -s:** egg,**-s** ,/ bean, **-s** /

Nomen, die **auf einen Zischlaut** enden, tragen im Plural **ein -es:** sandwich, **-es**

ABER! Falls das Nomen **bereits auf einem -e** endet, wird nur **ein -s** ergänzt: spice, **-s** /

Endet das Nomen **auf einem Mitlaut (Konsonant)** und einem **-y**, lautet die Endung im Plural **-ies:** berry, berr**ies** / hobby, hobb**ies**

ABER! Endet das Nomen **auf einem Selbstlaut (Vokal)** und einem **-y**, wird im Plural: nur **ein -s** angehängt: boy, **-s** / day, **-s**

Einige Nomen mit der Endung **-f** bilden den Plural auf **-ves**: shelf - shel**ves** / wife - wi**ves**

Einige Nomen mit der Endung **-o** bilden den Plural auf **-es**: potato, **-es** / tomato, **- es** /

Einige Pluralformen sind komplett **unregelmäßig**: **man**, **men** / foot, **feet**

1. Underline all vegetables in the word cloud. - Unterstreiche in der Wortwolke alle Gemüsesorten.

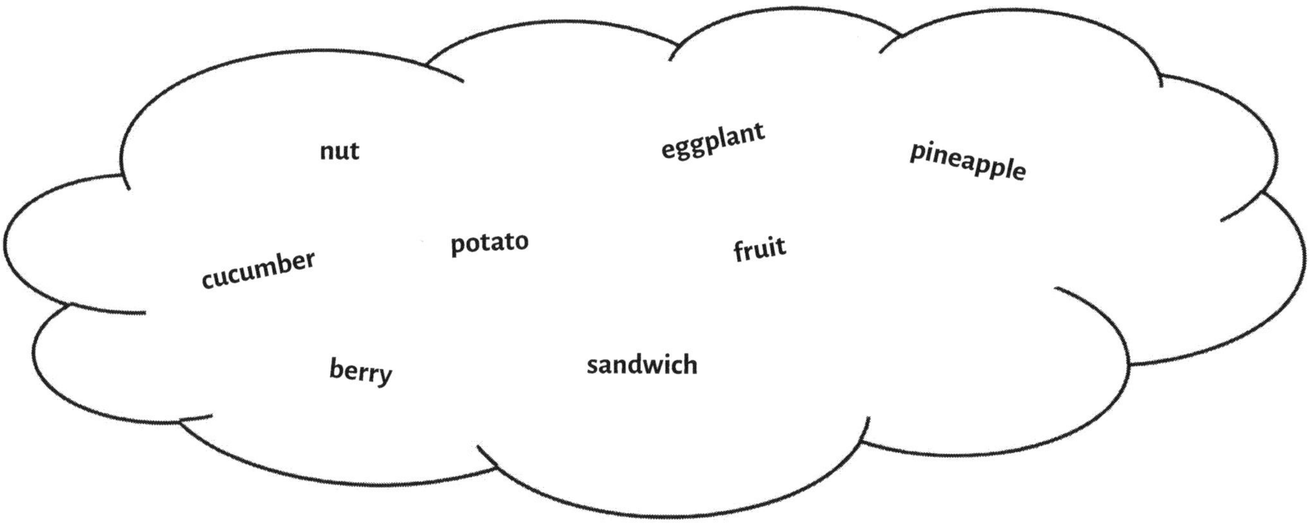

2. Connect the pictures with the words (singular). - Verbinde die Bilder mit den Wörtern (Singular).

 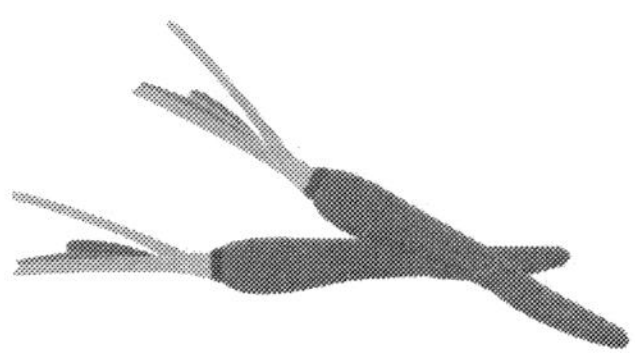  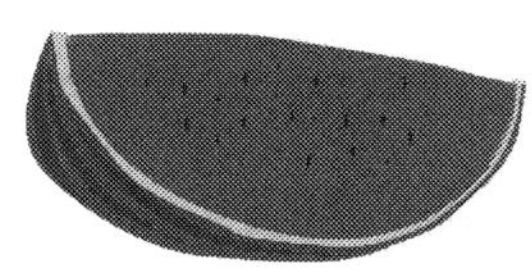

apple | water melon | carrot | grape

3. Write down the plural of all the nouns given from task no. 1. - Notiere den Plural aller Nomen aus Aufgabe 1.

a) fruit – ______________________
b) nut – ______________________
c) cucumber – ______________________
d) berry – ______________________
e) potato – ______________________
f) pineapple – ______________________
g) eggplant – ______________________
h) sandwich – ______________________

4. **Eight fruits and berries are hidden in this puzzle vertically and horizontally - Acht Früchte und Beeren verstecken sich in diesem Wortgitter senkrecht und waagerecht**

A	L	A	P	D	B	G	R	A	P	E	U
O	N	P	I	L	P	S	F	M	E	R	C
L	O	R	N	N	A	P	Y	D	T	I	W
E	P	I	E	K	O	M	D	M	I	S	A
M	N	C	A	M	B	T	D	E	S	J	T
O	W	O	P	W	F	T	O	Q	M	D	E
N	L	T	P	W	X	Y	R	M	R	A	R
A	W	C	L	O	W	R	A	R	E	I	M
P	P	F	E	E	N	T	N	K	E	K	E
P	E	A	R	H	J	H	G	U	V	U	L
O	Q	Y	G	A	E	T	E	R	H	R	O
H	H	F	B	C	H	E	R	R	Y	A	N

5. **Read the conversation in the restaurant. What are the kids ordering? – Lies die Unterhaltung im Restaurant. bestellen die Kinder?**

boy: I would like to drink a soda. And I take three sausages with French fries and salad. But the salad without onions, please!

girl: I would like to drink a sparkling water. I also take beef with rice, pumpkin and spinach. But the vegetables without garlic, please!

a) The boy drinks __________ and eats ______________ with ____________________ and __________ without ____________.

b) The girl drinks __________________________ and eats __________ with ___________, ___________ and ___________ without ___________.

Test yourself (animals, hobbies and sports, food and drinks)

1. Read the words in the word cloud. Which of them are animals? Underline them. – Lese die Wörter in der Wortwolke. Welche von ihnen sind Tiere? Unterstreiche sie.

tiger snake soda

squirrel potato lamp

shelf handicraft

(/4)

2. What's correct? Tick the boxes. - Was stimmt? Kreuze an.

a) ☐ A lion is a big animal.

b) ☐ Elephants eat meat.

c) ☐ Fish live in the water.

d) ☐ Parrots are birds.

e) ☐ Guinea pigs are farm animals.

f) ☐ A lamb is a baby sheep.

g) ☐ Snakes have no legs.

(/4)

3. Which animals are we looking for? Solve the puzzle und write down the English word! – Nach welchen Tie-ren suchen wir? Löse das Rätsel und schreibe das englische Wort (des Tieres) auf!

a) Es ist ein Wildtier und hat acht Beine. - _________

b) Es ist keine Ziege, es gibt Milch. - _________

c) Man sagt über ihn, dass er der beste Freund des Menschen sei. - _________

d) Das gesuchte Tier reimt sich auf "dish". - _________

e) Es ist ein Wildtier mit schwarzen und weißen Streifen. - _________

(/5)

4. The words got mixed up! Write the sentences correctly. –Die Wörter sind durcheinandergeraten. Schreibe die Sätze richtig!

a) HORSES PREFER I. - ______________________________.

b) FAVORITE CATS ARE ANIMALS MY. - ______________________________

c) ______________________________.

d) HAVE PETS YOU DO? - ______________________________ .

e) LIKE YOU THAN DO COWS DONKEYS BETTER MORE? - ______________________________

f) ______________________________ . **(/4)**

5. The teacher found six errors in this student essay. Write the underlined words correctly! – Der Lehrer hat fünf Fehler in diesem Schüleraufsatz gefunden. Schreibe die unterstrichenen Wörter richtig!

My **favorit (a)** animal is a monkey. I also like other wild animals. I **prefere (b) tiger (c)** to lions and snakes to spiders. Which **pats (d)** do I like? I like dogs better than cats and rabbits better **then (e)** hamsters. At home I have a dog. He is six years old, is white and brown and his name is Browny. He is a **crossbraed (f).**

(a)_____________ **(b)** _____________ **(c)** _____________

(d) _____________ **(e)** _____________ **(f)** _____________

(/6)

6. Which sports do you see at the images? Write it down! – Welche Sportarten siehst du auf den Bildern? Notiere!

_____________ _____________ _____________ _____________ _____________

(/5)

7. Which hobbies match which verbs? Write them into the right column! – Welche Hobbies passen zu welchem Verb? Schreibe sie in die passende Spalte!

to the cinema / puzzles / a horse / films / friends /drums / stories

to solve	to ride	to play	to watch	to meet	to write	to go

(/7)

8. Write down the 3rd. person singular present progressive of the verbs from task no. 7 – Notiere die 3. Person Singular Present Progressive der Verben aus Aufgabe 7.

a) to solve - _____________

a) to ride - _____________

b) to play - _____________

c) to watch - _____________

d) to meet - _____________

e) to write - _____________

f) to go - _____________

(/7)

9. Write the sentences in the present progressive by using the verb "go" as given in the example. – Schreibe die Sätze im Present Progressive, indem du das Verb "go" benutzt wie in dem Beispiel.

a) Carl can swim. - Carl goes swimming.

b) I love to box. - ______________________________ .

c) Anna and Sara like to dance. - ____________________________________ .

d) You like to cycle. - ______________________________ .

e) She likes handball. - ________________________________ .

(/4)

10. Listen to the audio track and add the missing words. – Höre dir das Hörbeispiel an und ergänze die fehlenden Wörter.

Every Monday and Wednesday we do sports at school. Most of the time the boys play

________________ and the girls play ____________________ . But this year we started

to do ______________________ . Next year we start playing ______________________ and

____________________ . My favorite sports are _________________ and _________________ .

It's sad that we can not do it at school.

(/7)

11. Translate all the foods given from task no. 11 into German. – Übersetze alle Lebensmittel aus Aufgabe 11 ins Deutsche.

a) cucumber - _______________

b) strawberry - _______________

c) egg - _______________

d) carrot - _______________

e) juice - _______________

f) beef - _______________

g) chicken - _______________

h) banana - _______________

(/8)

12. Which of the following statements about food are correct? Tick the boxes. Use a dictionary, if needed – Welche der folgenden Aussagen über Lebensmittel sind richtig? Kreuze an. Benutze ein Wörtebuch, falls nötig.

a) ☐ Tomatoes are always green.

b) ☐ Cucumbers are sour.

c) ☐ Flour is a colorful plant.

d) ☐ French fries are made from potatoes.

e) ☐ Coffee is brown.

f) ☐ Pork meat is form birds.

g) ☐ Mustard is yellow.

(/3)

Lösungen

Deutsch

Wortarten

Nomen (Namenwörter) – Seite 23

1. Weihnachten ist in vielen Ländern der Welt das wichtigste Fest des Jahres. Traditionell wird im Kreis der Familie gefeiert. Es gibt leckeres Essen, es werden Lieder gesungen und es gibt Geschenke. Doch nicht in allen Ländern fi ndet die Bescherung wie in Deutschland am 24. Dezember statt. In Spanien müssen die Kinder bis zum 06. Januar auf ihre Geschenke warten. Ihre Wunschliste schreiben spanische Kinder auch nicht an den Weihnachts-mann, sondern an die Heiligen Drei Könige. Sie heißen Melchior, Casper und Balthasar.

2.
der:	Kreis, Dezember, Januar, Weihnachtsmann
die:	Länder, Welt, Familie, Lieder, Geschenke (2x), Bescherung, Kinder (2x), Wunschliste, Könige
das:	Weihnachten, Fest, Jahr, Essen, Lied,
-:	Deutschland, Spanien, Melchior, Casper, Balthasar

Pronomen (Fürwörter) – Seite 24

1. Heute feiert Tim seinen 13. Geburtstag. Am Morgen warten seine Eltern auf ihn und rufen: „Alles Gute zu deinem Geburtstag. Wir haben dir einen Wunsch erfüllt. Endlich bekommst du ein eigenes Zimmer. Und damit nicht genug: Heute Abend kommen alle deine Freunde zu Besuch und wir gehen gemeinsam in euer Lieblingsrestaurant." „Danke!", freut sich Tim: „Ich glaube, das wird mein schönster Geburtstag."

Verben (Tunwörter)

1.

lesen	*schwimmen*	*einkaufen*	*singen*

2. Frau Schmidt ist 74 Jahre alt und wird leider immer vergesslicher. Ihre Tochter Annika macht sich Sorgen. Sie besucht ihre Mutter zwar jedes Wochenende, aber Frau Schmidt braucht zusätzliche Hilfe beim Einkaufen und Kochen. Annika ruft einen Verein an, der in dieser Situation hilft.

Adjektive (Wiewörter) – Seite 25

1.

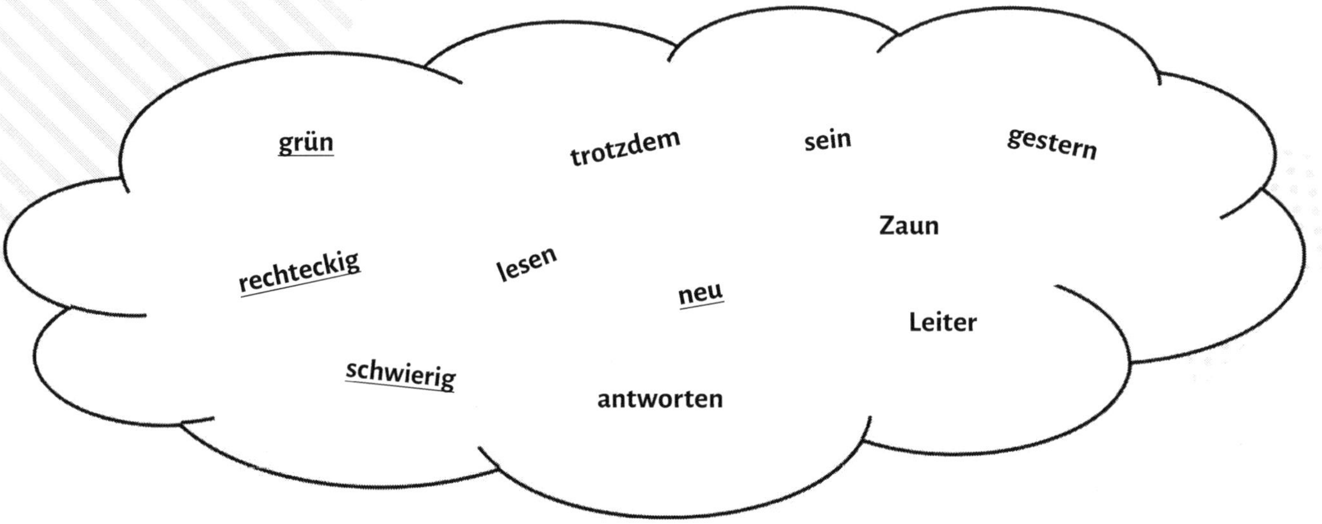

2.

Grundstufe	Höherstufe	Höchststufe
grau	grauer	***am grausten***
stark	***stärker***	am stärksten
leise	leiser	***am leisesten***
gut	***besser***	***am besten***
gern	lieber	***am liebsten***

Konjunktionen (Bindewörter) – Seite 26

1a) Sie schreibt morgen einen Test in Mathe ***und*** in Englisch.
1b) Er mag keine Zitronen, ***weil*** sie zu sauer sind.
1c) Franziska mag Sport, ***aber*** im Volleyball ist sie nicht sehr gut.
1d) Wir wollten keine Tomaten, ***sondern*** Gurken in unserem Salat.
1e) Er ist nicht sicher, ***ob*** er bis Montag alle Vokabeln kann.
1f) Sie haben in Italien gelebt, ***obwohl*** sie die Sprache nicht sprechen.

Zeitformen – Seite 27

1a) Er hat gekauft. – ***Perfekt***
1b) Wir werden fliegen. – ***Futur***
1c) Sie las das in der Zeitung. – ***Präteritum***

Präsens (Gegenwart) – Seite 28

1a) fotografieren (3. Person Einzahl) – ***er, sie, es fotografiert***.
1b) lesen (2. Person Mehrzahl) – ***ihr lest***.
1c) wissen (3. Person Plural) – ***Sie wissen***.
1d) sich anziehen (2. Person Singular) – ***du ziehst dich an***.

Präteritum (1. Vergangenheit) – Seite 28

1. Als Herr Montag an diesem Mittwoch zur Arbeit <u>ging</u>, war er sehr überrascht. Warum <u>saßen</u> seine Kollegen nicht an ihren Arbeitsplätzen? Er <u>schaute</u> in seinen Kalender: Nein, der Plan <u>zeigte</u> keinen Feiertag. Es <u>handelte</u> sich bei dem heutigen Tag eindeutig um einen Wochentag. Und ein Ausflug oder ein Gespräch <u>stand</u> auch nicht in seinem Kalender.

2. ***Als Herr Montag an diesem Mittwoch zur Arbeit geht, ist er sehr überrascht. Warum sitzen seine Kollegen nicht an ihren Arbeitsplätzen? Er schaut in seinen Kalender: Nein, der Plan zeigt keinen Feiertag. Es handelt sich bei dem heutigen Tag eindeutig um einen Wochentag. Und ein Ausflug oder ein Gespräch steht auch nicht in seinem Kalender.***

Perfekt (2. Vergangenheit) – Seite 29

1. Ich habe gestern ~~gelest~~ <u>*gelesen*</u>, dass Madrid die Hauptstadt von Spanien ist. Vorher habe ich ~~gedenkt~~ ***gedacht***, Barcelona ist die Hauptstadt. Ich ~~habe~~ ***bin*** aber auch noch nie in Spanien gewesen. Dabei habe ich mir schon so lange von meinen Eltern ~~wünschen~~ ***gewünscht***, dass wir einmal in Spanien Urlaub machen.

2. Als sie endlich ins Café kam, ***hat*** er schon eine Stunde auf sie ***gewartet*** (warten). Er ***hat*** ihr schon so oft ***gesagt*** (sagen), dass sie pünktlicher kommen soll. Doch sie ***hat*** es immer noch nicht ***verstanden*** (verstehen). Sie sagte: „Tut mir leid, Fritz. Erst ***habe*** ich meine Geldtasche zu Hause vergessen. Dann konnte ich den Autoschlüssel nicht finden. Sei nicht böse!" Und ob Fritz böse war! Das war das letzte Mal, dass er sich mit ihr ***verabredet hat*** (verabreden).

Futur (Zukunft) – Seite 29

1.

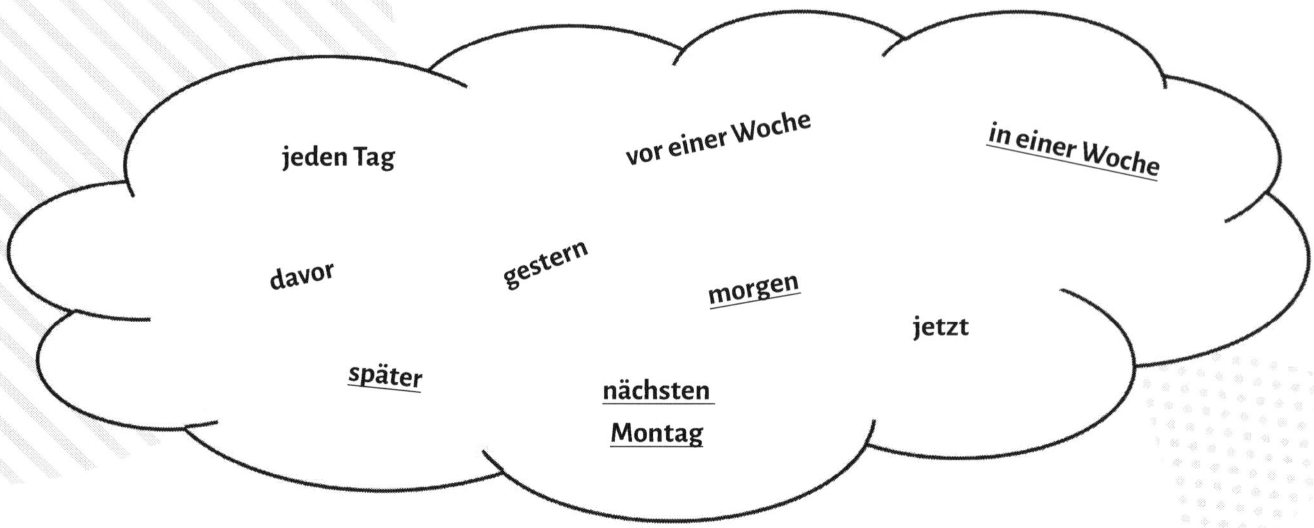

2. Wie ***werden*** die Menschen in 100 Jahren ***leben***? ***Wird*** es noch Autos ***geben***? ***Werden*** Kinder noch zur Schule ***gehen*** oder ***werden*** sie zu Hause vor ihren Computern ***lernen***? Ich kann mir vorstellen, dass die Menschen sich in der Zukunft weniger ***bewegen werden***. Maschinen ***werden*** für sie ***einkaufen*** und ihre Arbeit ***erledigen***. Hoffentlich ***werde*** ich in 100 Jahren noch da ***sein***, um das alles zu erleben.

Die vier Fälle

Nominativ – Seite 30

1. Mit ihrem Bruder hat meine Freundin das letzte Mal vor sechs Jahren gesprochen. Warum ihr Bruder sie nie angerufen hat, weiß sie auch nicht. Schlimme Sachen sind eigentlich nicht zwischen ihnen passiert. Gestern haben sich die Geschwister dann vor dem Einkaufszentrum getroffen. Zuerst war der Bruder etwas schüchtern. Aber dann haben meine Freundin und ihr Bruder sich versprochen, wieder mehr Kontakt zu haben.

Genitiv – Seite 31

1. Der Bruder ~~von meiner Freundin~~ ***meiner Freundin*** heißt Karl. Die Eltern ~~von den Geschwistern~~ ***der Geschwister*** heißen Ingrid und Lutz. Ingrid und Lutz sind getrennt. Meine Freundin wohnt mit ihrer Mutter in der Wohnung ~~von ihrem neuen Freund~~ ***ihres neuen Freundes*** und Karl wohnt bei Lutz. Der neue Freund ~~von ihrer Mutter~~ ***ihrer Mutter*** hat auch eine Tochter. Sie heißt Annika. Meine Freundin hat also eine Halbschwester.

Dativ – Seite 31

1a) Ich gehe morgen mit meine***n*** Freunde***n*** ins Kino.
1b) Silvia kauft ihre***m*** Vater ein Geburtstagsgeschenk.
1c) Von ihr***er*** Schwester hat sie letztes Jahr einen Pullover geschenkt bekommen.

Akkusativ – Seite 31

1.

	Nominativ	Genitiv	Dativ	Akkusativ
männlich	der Mann	de***s*** Mann***es***	de***m*** Mann	de***n*** Mann
weiblich	die Frau	de***r*** Frau	de***r*** Frau	di***e*** Frau
neutral	das Kind	de***s*** Kind***es***	de***m*** Kind	d***as*** Kind
Mehrzahl	die Kinder	de***r*** Kinder	de***n*** Kinder***n***	di***e*** Kinder

Satzglieder umstellen – Seite 33

1.

(Tobias) (kauft) (seinem Vater) (im Einkaufszentrum) (eine neue Uhr.)

2a) ***Tobias kauft im Einkaufszentrum seinem Vater eine neue Uhr.***
2b) ***Im Einkaufszentrum kauft Tobias seinem Vater eine neue Uhr.***
2c) ***Eine neue Uhr kauft Tobias seinem Vater im Einkaufszentrum.***
2d) ***Eine neue Uhr kauft Tobias im Einkaufszentrum seinem Vater.***
2e) ***Seinem Vater kauft Tobias eine neue Uhr im Einkaufszentrum.***

Subjekt – Seite 34

1a) Ich frage meine Lehrerin.
1b) Die Lehrerin antwortet mir.
1c) Der rote Stift schreibt nicht.
1d) Vor der Schule steht ein neues Klettergerüst.

2b) Die Lehrerin antwortet mir. → ***Wer antwortet mir?***
2c) Der rote Stift schreibt nicht. → ***Was schreibt nicht?***
2d) Vor der Schule steht ein neues Klettergerüst. → ***Was steht vor der Schule?***

Prädikat – Seite 35

1a) Mein Vater hat sich gestern eine neue Brille gekauft.
1b) Er möchte für die Klassenarbeit lernen.
1c) Anna isst seit gestern kein Fleisch mehr.
1d) Die Schule wurde vor 80 Jahren gebaut.

2b) Er kommt morgen nicht, weil ***er für die Klassenarbeit lernen möchte***.
2c) Ich frage mich, ob ***Anna seit gestern kein Fleisch mehr isst.***
2d) Sie glaubt nicht, dass ***die Schule vor 80 Jahren gebaut wurde***.

Objekt – Seite 35

1a) Wo hast du eigentlich deine blaue Tasche gekauft?
1b) Wir haben dem Jungen 50 Cent gegeben.
1c) Lea hatte keine Lust, die Englischvokabeln zu lernen.

2.

Dativobjekt	Akkusativobjekt
• ***dem Jungen***	• ***deine blaue Tasche*** • ***50 Cent*** • ***keine Lust*** • ***die Englischvokabel***

Subjekt, Prädikat, Objekt – Seite 36

3. In den Sommerferien haben Leos Eltern ihm ein Baumhaus gebaut.

Subjekt (rot): *Leos Eltern;* **Prädikat (blau):** *haben...gebaut;* **Akkusativ-Objekt (grün):** *ein Baumhaus;* **Dativ-Objekt:** *ihm*

Orts- und Zeitangaben – Seite 36

1a) (Seit zwei Stunden) warte ich an der Bushaltestelle.

1b) Gibt es in eurem Auto keine Klimaanlage?

1c) Mir gefällt der neue Sportplatz an der Kreuzung nicht sehr.

1d) Wenn du willst, können wir (morgen) Fußballspielen gehen.

2. Individueller Lösungswege (hier eine Möglichkeit)

a) Seit ***einer Stunde*** warte ich auf den Zug.
b) Gibt es ***in eurer Wohnung*** keine Klimaanlage?
c) Mir gefällt der neue Sportplatz ***auf unserem Hof*** nicht sehr.
d) Wenn du willst, können wir ***am Wochenende*** Fußballspielen gehen.

Teste dich (Grammatik) – Seite 37

1a) leise – ***laut***
1b) hoch – ***tief***
1c) langsam – ***schnell***
1d) schwarz – ***weiß***

2. Linda geht in einen Buchladen. „Guten Tag, kann ich ***Ihnen*** helfen? Sie sehen so aus, als ob sie etwas ***suchen***.", begrüßt sie die Verkäuferin. „Ja", antwortet Linda. „Das ist wirklich sehr ***aufmerksam*** von Ihnen. Ich suche ***ein Buch*** für meine Mutter." Die Verkäuferin überlegt kurz: „Mag Ihre Mutter Krimis ***oder*** liest sie lieber aktuelle Literatur?" Linda antwortet: „Ich glaube, dass sie am liebsten Klassiker liest." Die Verkäuferin lächelt: „Dann habe ich etwas für Sie."

3a) Franz lernte. – ***Präteritum***.
3b) Isabell lernt. – ***Präsens***.
3c) Jonas wird lernen. – ***Futur***.
3d) Hanna hat gelernt. – ***Perfekt***.

4. interessiert, <u>fuhr</u>, weiß, fragt, stahl, <u>kaufte</u>, lebt, <u>kam</u>, <u>ließ</u>

5a) einem Schüler – ***Dativ (3. Fall)***
5b) den Schüler – ***Akkusativ (4. Fall)***
5c) meines Schülers – ***Genitiv (2. Fall)***
5d) der Schüler – ***Nominativ (1.Fall)***

6. Gestern wollte Anna mit ihr***em*** Freund ins Kino gehen. „Wollen wir heute Abend i***m*** Kino ein***en*** Film sehen, Liebling?" Ihr Freund war einverstanden. Sie suchten auf ein***er*** Homepage mit Kinotipps nach ein***em*** Film, den sie beide mögen. Anna wollte ein***e*** Komödie ansehen, aber ihr Freund mag lieber richtig***e*** Actionfilme. Am Ende haben sie sich sogar gestritten und Anna ist allein ins Kino gegangen.

7a) in der Straßenbahn – ***Wo?***
7b) meinem Vater – ***Wem?***
7c) deinen Bruder – ***Wen?***
7d) Um 14 Uhr – ***Wann?***
7e) sein Haus – ***Was?***
7f) eines Freundes – ***Wessen?***

0,5 Punkte pro richtiger Frage

8. Das Licht am Ende des Tunnels blendete sie.

z.B.

9a) ***Am Ende des Tunnels blendete sie das Licht***.

9b) ***Das Licht blendet sie am Ende des Tunnels***.

9c) ***Sie blendete das Licht am Ende des Tunnels***. 0,5 Punkte pro richtigem Satzglied

Note	1	2	3	4	5	6
Punkte	33–30	29,5–23,5	23–16,5	16–10	9,5–3,5	3–0

Gross- und Kleinschreibung – Seite 39

1. Anton hat gewusst, dass dieser Tag schwierig werden würde, seit er seinen Wochenplan vorbereitet hatte. er hätte mit der Vorbereitung einfach früher anfangen müssen. jetzt ist es zu spät. er muss diese Woche drei Klassenarbeiten und zwei Tests schreiben. so ein Schlamassel!

2.

Nomen + Adjektiv = Adjektiv	Adjektiv + Nomen = Nomen	Verb + Nomen = Nomen	Nomen + Verb = Verb
nagelneu	***Hochhaus***	***Liegestuhl***	***schlafwandeln***
haushoch			***eislaufen***
blitzschnell			

3. Vor 6 Tagen habe wir ihre Kündigung erhalten. Wenn sie kein Interesse mehr an ihrem alten Handyvertrag haben, möchten wir ihnen ein neues Angebot machen. Mit der Flatrate 3000 surfen sie doppelt so schnell wie früher und zahlen nur den halben Preis. Natürlich können sie den Handyvertrag jederzeit kündigen. Wenn wir ihr Interesse geweckt haben, dann freuen wir uns bis zum 16.09. auf ihre positive Antwort."

4. Mein Liebster,
ich wünsche dir alles Gute zu deinem 12. Geburtstag. Die Zwölf ist für mich etwas ganz Besonderes. Wusstest du, dass die Zahl für Einheit und Vollkommenheit steht? Deine Mama hat mir gesagt, dass dir das Schwimmen immer noch so viel Freude bereitet. Deshalb schicke ich dir mit diesem Brief eine Jahreskarte für die Schwimmhalle.
Viele Küsse
von deiner Oma Sibylle

5.

Nomen	Adjektiv / Verb
Liebster	***lieb***
Gute	***gut***
Zwölf	***zwölf***

Besonders	***besonders***
Schwimmen	***schwimmen***
Vollkommenheit	***vollkommen***

6. ***An*** diesem ***Tag*** im ***Juli*** war es besonders heiß. ***Bereits*** am ***Morgen*** fiel das ***Atmen*** schwer. ***„Können Sie*** heute den ***Unterricht*** nicht früher beenden?", fragte der kleine ***Sven*** seine ***Lehrerin. Zuerst*** war es im ***Klassenzimmer*** mucksmäuschenstill. Dann hörte man ein ***Schnaufen*** und ***Stöhnen. Alle Kinder*** wollten gern nach ***Hause*** gehen. ***„Bitte***, liebe ***Lehrerin"***, riefen die ***Kinder***, ***„wir*** werden es ***Ihnen*** danken." ***Zum Glück*** hatte die ***Lehrerin Erbarmen*** und beendete den ***Unterricht*** früher als normalerweise.

Doppelkonsonanten – Seite 43

1. ***Kette, Affe, Suppe, Kuss, nass, Sonne***

B/P, D/T, G/K – Seite 43

1. Mein großer Bruder ist ziemlich kluk. Er had schon viele Bücher gelesen, liept die Schule und spricht schon seid der dritten Klasse drei Fremdsprachen. Später wirt er bestimmt studieren.
2. ***klug, hat, liebt, seit, wird***

SS oder ß? – Seite 44

3.

H	P	S	T	F	M	I	C	F	F
S	T	R	A	S	S	E	L	T	L
X	T	V	J	M	R	L	J	Q	E
P	G	R	U	S	S	I	R	V	I
I	T	K	L	A	S	S	E	K	S
N	B	Y	G	J	D	Y	S	S	S
F	U	S	S	B	A	L	L	O	I
A	T	P	A	S	S	H	T	S	G
O	R	I	G	R	O	S	S	S	O
V	F	N	X	E	N	A	K	E	Q

Straße, Gruß, groß, Soße, fleißig

KS-Laute – Seite 44

1. Neuerdin***gs*** habe ich total oft Lust auf Ke***kse***. Gestern bin ich e***x***tra in den Supermarkt gegangen, um mir eine Packung zu kaufen. Danach lief ich schnurstra***cks*** nach Hause und habe sie alle aufgegessen. Das geht natürlich nicht jeden Tag. Aber nä***chs***te Woche mache ich das wieder.

f oder v – Seite 45

2.

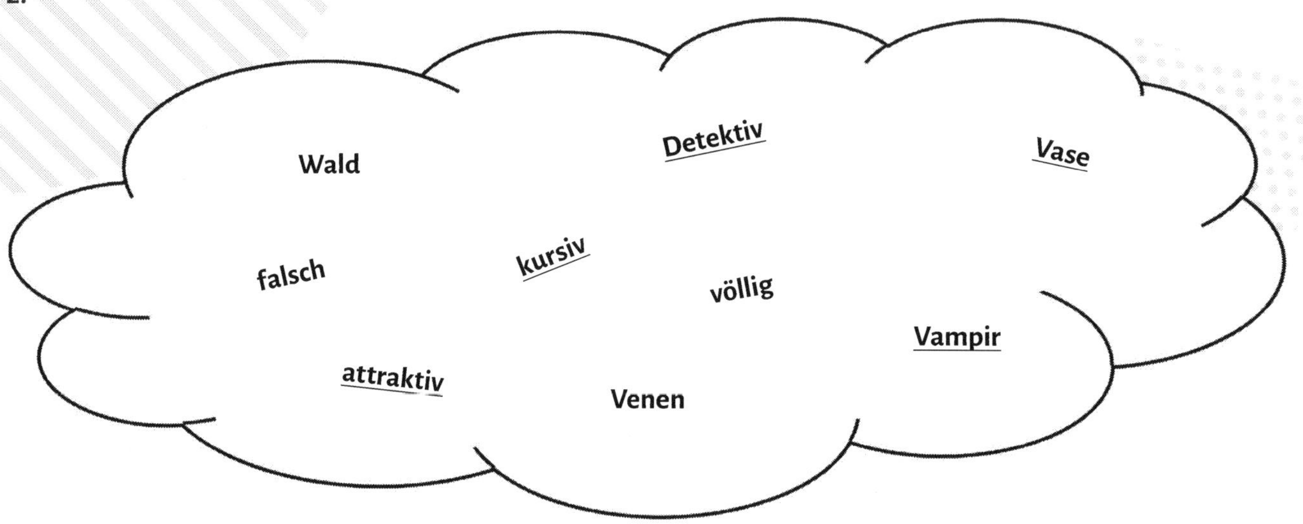

2a) Jeder Mensch hat Adern und ***Venen***.
2b) Sherlock Holmes war ein ***Detektiv***.
2c) Viele Menschen finden Humor ***attraktiv***.
2d) Dieser Satz ist ***kursiv*** geschrieben.
2e) Die Blumen stelle ich am besten in eine ***Vase***.
2f) Ein ***Vampir*** darf nicht ins Sonnenlicht und trinkt Blut.

Satzabschlusszeichen – Seite 47

1. So ein Ärger**!** Franziska hatte die ganze Zeit daran gedacht und es dann doch vergessen **.** Oder war Leons Geburtstag erst morgen**?** Vorsichtshalber rief sie ihre Schwester an **.** Die Schwester bestätigte, dass morgen Leons Geburtstag war**.** Gott sei Dank**!**
2. Schnell lief Franziska nach Hause, um das Geschenk für ihren Neffen einzupacken **.** Sie hatte zu seinem sechsten Geburtstag in einem Spielzeuggeschäft im Stadtzentrum eine Postkarte, einen lustigen Stift und einen Kran zum Zusammenbauen gekauft **.** Ob ihm ihre Geschenke gefielen**?**
3. **(Alternative Lösungen in Klammern):**
Franziska klingelte bei ihrer Schwester. Leon öffnete die Tür und sagte**:** „Hallo**!**" Sie drückte ihren Neffen und überreichte die Geschenke**.(:)** „Alles Gute zum Geburtstag**!**" Dann gingen sie in das Wohnzimmer**.(:)** „Was hast du noch geschenkt bekommen**?**" Ihr Neffe antwortete**:** „Bücher, Spiele, ganz viele Süßigkeiten und ein ferngesteuertes Auto**.** Aber deine Geschenke sind die Schönsten**.(!)**"

Teste dich (Rechtschreibung) – Seite 48

1.

Lissabon	Nomen
der Spiegel	Verb als Nomen
der Größte	Adjektiv als Nomen
das Essen	Eigenname
das Kaufhaus	zusammengesetztes Wort

2.

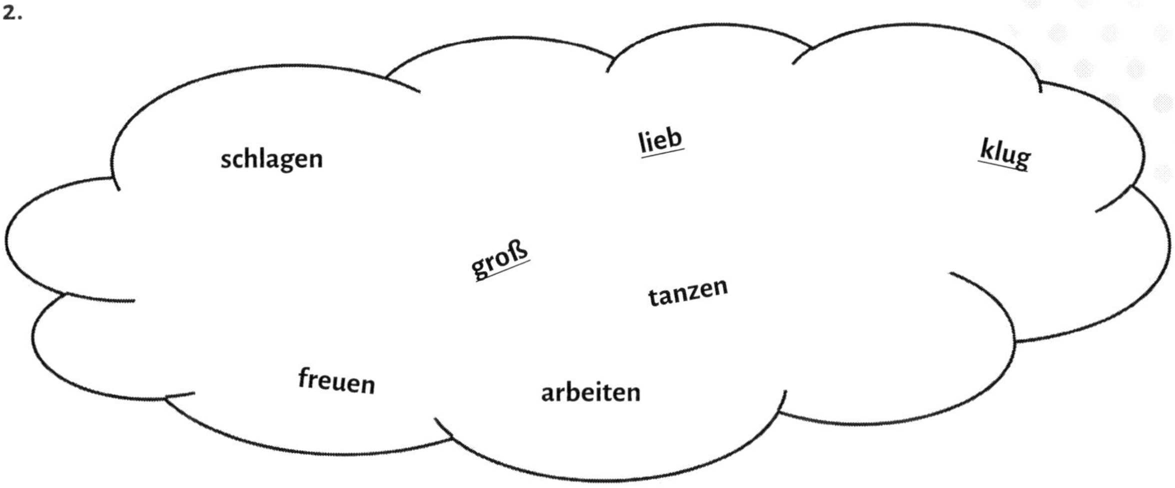

jeweils 0,5 Punkte

Adjektive	Nomen mit Artikel
lieb	*die Liebe*
klug	*die Klugheit*
groß	*die Größe*

jeweils 0,5 Punkte

3.

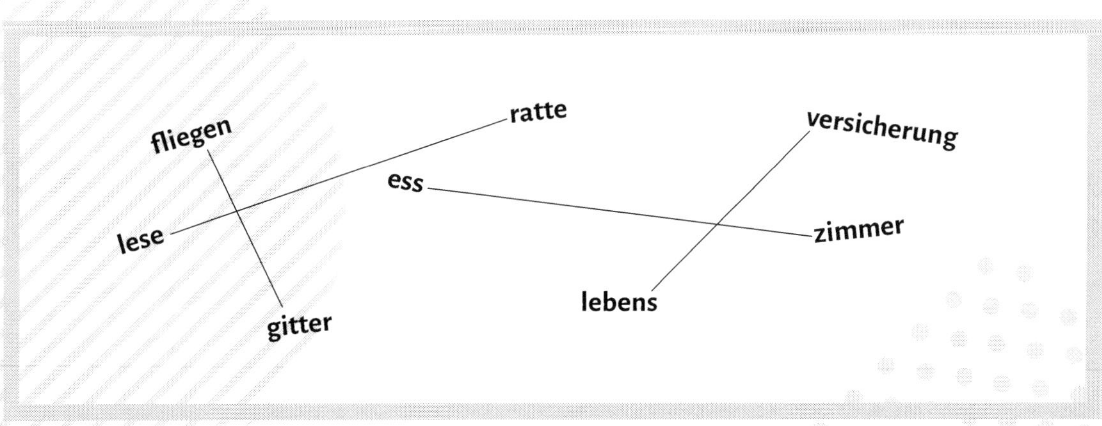

4. Lieber Frank,
fiele Grüsse aus Spanien. Ich ferstehe leider kein Spanisch. Aber das Eßen ist sehr gut. Meine Lieplinksspeise ist Paella. Das ist eine grosse Fanne mit Meeresfrüchten und Reis.
Wir sehen uns näkste Woche in der Schule.
Bis dann!
John **jeweils 0,5 Punkte**

5. Lieber Frank,
viele Grüße aus Spanien. Ich ***verstehe*** leider kein Spanisch. Aber das ***Essen*** ist sehr gut. Meine ***Lieblingsspeise*** ist Paella. Das ist eine ***große Pfanne*** mit Meeresfrüchten und Reis.
Wir sehen uns ***nächste*** Woche in der Schule.
Bis dann!
John **jeweils 0,5 Punkte**

6. Ach**!** Ich finde Mathe so schwer**!** Gestern habe ich schon wieder eine 4 geschrieben**,** obwohl ich fast eine Woche für die Arbeit gelernt habe**.** Meine Lehrerin hat gesagt**: „**Nimm Nachhilfe**!"** Dabei nehme ich schon seit einem halben Jahr Nachhilfe**.** Soll ich etwa noch mehr Stunden lernen**?** Vielleicht gründe ich eine Lerngruppe mit Steffi**,** Mara**,** und Luisa**.** Die sind auch nicht so gut in Mathe**.**
jeweils 0,5 Punkte pro richtigem Satzzeichen

Note	**1**	**2**	**3**	**4**	**5**	**6**
Punkte	28,5 - 26	25,5 - 20	19,5 - 15	14,5 - 9	8,5 - 3	2,5 - 0

Texte Verfassen

1. Personenbeschreibung – Seite 51

3	Der Junge trägt ein orangefarbenes T-Shirt mit weißen Ärmeln. Über dem T-Shirt trägt er eine knielange Latzhose aus dunkelblauem Jeansstoff. Die Latzhose hat eine breite Brusttasche, aus der ein grün-rot-kariertes Stofftaschentuch schaut. Der Junge trägt braune Sandalen ohne Socken.
2	Seine Arme sind schmal, ebenso wie seine Beine. Auffallend sind die kurzen gewellten Haare des Jungen. Sie sind hellbraun und er trägt eine gelbe Schirmmütze mit einem blauen Schriftzug. Der Schriftzug enthält die Buchstaben „LINO". Seine Augen sind groß und leuchtend und haben eine grüne Farbe. Das Gesicht des Jungen ist rund und er hat eine spitze Nase. Der Mund ist zu einem breiten Lächeln geformt.
1	Es handelt sich um einen Jungen, der zwischen 8 und 12 Jahren alt ist. Er sitzt auf einem Stein und blickt nach links. Beide Hände stecken in seinen Hosentaschen. Der Junge hat eine schlanke, kindliche Statur.

2.

Gesicht und Haare	Kleidung
· offen · konzentriert · dunkel · lang	· sommerlich · kurz

3. Beispiel

Das Bild zeigt ein junges Mädchen zwischen acht und zehn Jahren, das auf einer Wiese sitzt und Gitarre spielt. Mit seiner linken Hand spielt es die Saiten und mit den rechten Fingern greift es einen Akkord. Das Mädchen hat lange, glatte, dunkle Haare, die offen sind. Die Gesichtsform ist länglich mit einer kleinen Stupsnase. Das Mädchen schaut konzentriert nach rechts unten auf seine rechte Hand. Der Mund ist geschlossen. Über seinen schmalen Armen trägt es ein sommerliches T-Shirt. Die Beine sind zu einem Schneidersitz geformt. Unter der Gitarre ist eine kurze Hose zu sehen, die bis zu den Knien reicht.

Rezepte – Seite 52

1. 200 ***mg*** Zucker ½ ***l*** Milch 3 ***TL*** Backpulver 1 ***Prise*** Salz

2. ***Die Textabschnitte 2 und 4 passen gut in eine Rezeptbeschreibung***

3.

Fehler	Beispiel
nicht sachlich	„Hier ist meine tolle Chili-Bohnen-Pfanne“
Zutaten sind nicht in einer Liste	***„Dann noch 4 frische Tomaten“***
ungenaue Mengenangabe	***„So viel du willst Salz, Pfeffer, Chilipulver und Paprikapulver.***
Nicht gut strukturiert	***„Ach, ja, und fast vergessen. Natürlich brauchst du auch Öl für die Pfanne!“***
Verben und Adjektive sind nicht genau genug	***„Die zwei Zwiebeln auch fein machen, aber nicht so fein wie den Knoblauch“***
Personalpronomen wechseln	***„Natürlich brauchst du auch Öl für die Pfanne. Also, wenn man jetzt alles eingekauft hat, kann man ja endlich loslegen.“***

Erzählung – Seite 55

1.

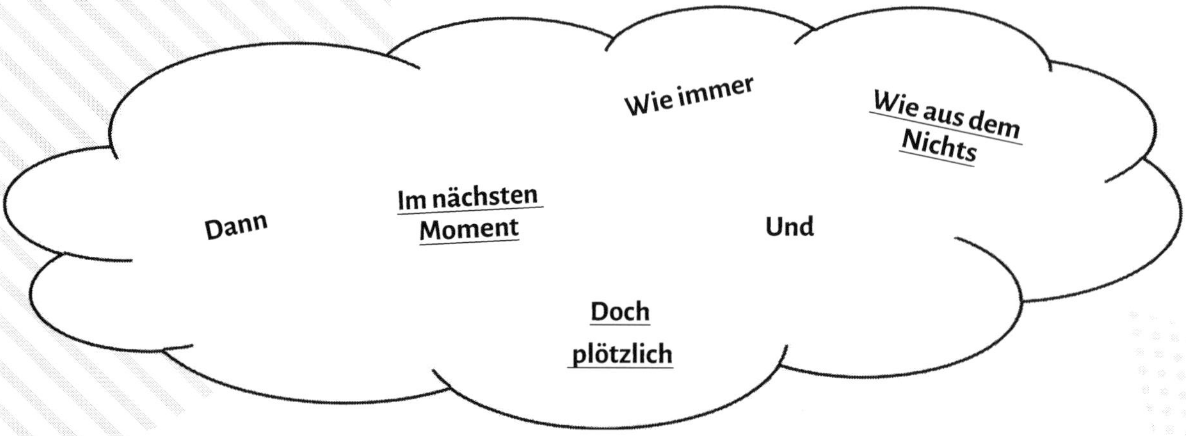

2. (Beispiel):

Wie aus dem Nichts erschien im Türrahmen eine dunkle Gestalt. Sein Herz raste und er wollte schreien. ***Im nächsten Moment*** drehte er sich zum Küchentisch und griff nach seinem Telefon: „Hallo, guten Tag. Ich möchte einen Einbrecher melden." Er bewegte sich ängstlich auf die Tür zu. ***Doch plötzlich*** war die dunkle Gestalt verschwunden.

3. In den Textabschnitte 2 und 4 befinden sich spannende Verben

4.

N	D	E	P	O	O	L	A	F	M	T	I	K	I	Z
I	U	Q	V	F	I	C	H	K	G	J	E	U	F	Q
W	E	W	O	S	A	U	F	R	E	G	E	N	D	B
W	B	A	R	O	Q	D	K	M	P	J	H	I	D	B
M	E	I	S	Q	B	X	E	T	Z	W	P	S	Y	M
P	R	N	I	X	M	Z	N	S	T	B	Q	Y	A	T
N	R	K	C	C	T	Z	J	W	S	J	X	P	U	D
D	A	S	H	E	P	Z	I	T	T	E	R	N	D	V
S	S	T	T	U	F	Y	D	F	D	T	H	P	G	W
X	C	F	I	T	S	Q	E	W	H	E	N	U	R	N
X	H	V	G	G	M	A	P	O	U	A	P	M	X	E
U	T	E	B	L	I	T	Z	S	C	H	N	E	L	L

5a) ***Hauptteil***
5b) ***Schluss***
5c) ***Überschrift***
5d) ***Einleitung***

6. Individuelle Lösung

Sachtexte – Seite 60

1. Zeitungsartikel
2. Kiel
3. Dr. Anna Roth-Baumann
4. Iwan bekommt zu viele Hausaufgaben
5. Eine Schule ohne Hausaufgaben
6. 45 Minuten
7. Die Kinder verlieren Selbstständigkeit und Selbstbewusstsein
8. Eine Initiative

Diagramme – Seite 61

1. ***Kreisdiagramm***

2.

richtig	Das Diagramm zeigt das Ergebnis einer Umfrage von 2011.
richtig	Für die Umfrage wurden 502 Schüler der 1.-3. Klasse befragt.
falsch	Manche der Eltern, die an der Umfrage teilgenommen haben, haben sich der Frage enthalten.
falsch	Die meisten Eltern geben an, dass sie wegen der Hausaufgaben ein paar Mal pro Woche Streit mit ihren Kindern haben.
richtig	Fast die Hälfte der Eltern gibt an, dass es mit ihren Kindern (fast) nie Streit wegen der Hausaufgaben gibt.

Erzähltexte – Seite 63

1. Frank, Magarete und Konstanze Leopold (Zeile 1 und 2)
2. In einem Waisenhaus für elternlose Wildtiere (Zeile 19 und 20)
3. Weil er einer anderen Tierart angehört. (Zeile 12)
4. Pinguinen, Vögeln
5. Weil Magarete und Konstanze Frank verheimlichen wollen, dass er als Tiger geboren wurde.
6. Beispiele: Adoption, unterschiedliche Herkunft, Familie, Geheimnisse, gleichgeschlechtliche Liebe, Andersartigkeit, Toleranz, Rassismus

Teste dich (Leseverständnis) – Seite 65

1. Elfin Darbandi, Lena Rosenbach
2. an die Redaktion der „Kieler Wochenzeitung"/ an den Autor des Artikels Tobias Franke
3. Hausaufgaben in der Grundschule
4. Sachtext (Leserbriefe)
5. formelle Ansprache, adressiert an Zeitung, Absender („Beste Grüße von Ihrer treuen Leserin"), unsachlich geschrieben, enthält Meinung, Lob, Kritik
6. Sie findet, dass der Artikel zeigt, wie verwöhnt die heutige Generation ist
7. wöchentlich

1. Frau Darbandi kommt aus ***Illmenau***
2. Frau Darbandi konnte schon 20 Eltern für ihre Initiative gewinnen.
3. ***Frau Rosenbach*** findet die Aussagen des Artikels nur teilweise richtig.

Note	**1**	**2**	**3**	**4**	**5**	**6**
Punkte	12–11	10–9	8–6	5–4	3–2	1–0

Mathematik

Stellenwerttafel und Zahlenstrahl – Seite 67

1.

	Millionen	Tausender						
	M	HT	ZT	T	H	Z	E	Zahl
a		**5**	**1**	**0**	**0**	**0**	**1**	**510 001**
b	**8**	**7**	**0**	**0**	**0**	**1**	**8**	**8 700 018**
c		**7**	**4**	**3**	**9**	**0**	**2**	**743 902**
d	**3**	**4**	**0**	**7**	**0**	**4**	**8**	**3 407 048**

2.

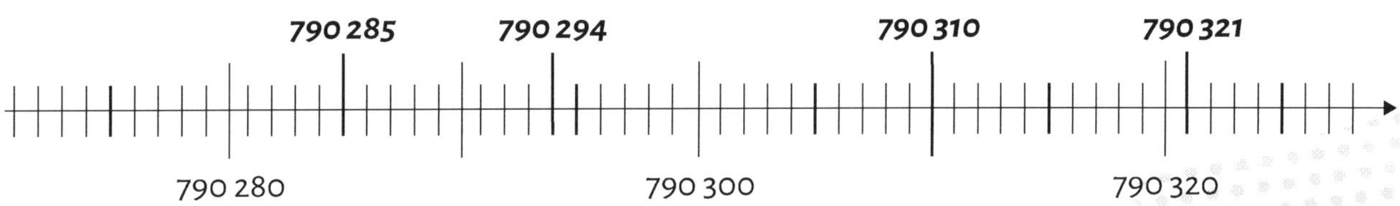

3.

Nachbarzehntausender	Nachbartausender	Zahl	Nachbartausender	Nachbarzehntausender
30 000	**38 000**	38 710	**39 000**	**40 000**
180 000	**183 000**	183 526	**184 000**	**190 000**
270 000	**278 000**	278 317	**279 000**	**280 000**

Teste dich (Stellenwerttafel und Zahlenstrahl) – Seite 69

1.

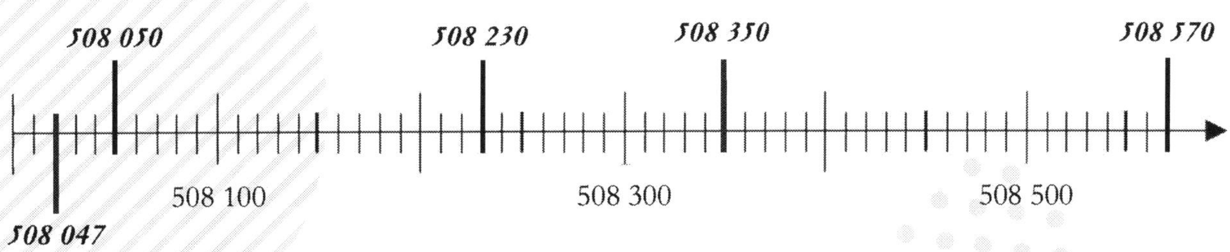

Für jede richtiger Zuteilung: 1 P.

2a) 480 und 520: ***500***

2b) 300 000 und 800 000: ***550 000***

2c) 750 und 798: ***774*** **Für jede Teilaufgabe:** 1 P.

3a) ***876 430***

3b) ***34 678*** **Für jede Teilaufgabe:** 1 P.

4. Dresden (554 649) < Dortmund (587 010) < Leipzig (587 857) < Düsseldorf (619 294) < Stuttgart (634 830) < Frankfurt (753 056)

Für jede richtige Zuteilung: 0,5 P.

5.

7283	<	7832	87 214	>	78 124
8283	<	8732	6 ZT 5 H	<	60 501
40 200	=	4 ZT 2 H	88 989	<	89 898

Für jede richtige Lösung: 0,5 P.

Note	1	2	3	4	5	6
Punkte	16 – 14,5	14 – 11,5	11 – 8	7,5 – 5	4,5 – 2	1,5 – 0

Schriftliche Addition – Seite 70

1.

			4	6	7	
	+	4	1	2	8	
				1		
		4	5	9	5	

	2	4	9	5	6	3
+	1	7	2	3	3	4
	1	1				
	4	2	1	8	9	7

		7	8	9	2	4	1
+		6	9	3	7	4	2
	1	1	1				
	1	4	8	2	9	8	3

2.

	1	5	4	2	3	4
+		2	2	2	7	3
				1		
	1	7	6	5	0	7

	3	6	2	3	4	5
+		7	1	7	7	4
	1		1	1		
	4	3	4	1	1	9

		3	2	4	9	1
+	7	8	9	8	2	7
	1	1	1	1		
	8	2	2	3	1	8

Schriftliche Subtraktion – Seite 71

1.

		7	8	6	9	
	–	1	4	2	3	
		6	4	4	6	

		2	5	4	6	
	–	1	4	2	9	
				1		
		1	1	1	7	

		1	4	8	9	6
	–		6	5	4	8
		1			1	
			8	3	4	8

2.

	5	3	2	1	0
–		6	1	0	1
				1	
	4	~~6~~	1	~~1~~	9
		7		0	

	3	1	7	2	2
–		8	4	3	4
			1	1	
	~~1~~	3	3	0	8
	2				

Schriftliche Multiplikation – „Schriftliche Multiplikation" auf Seite 73

1.

2	6	3	·	3	4		
		7	8	9			
	+	1	0	5	2		
			1				
		8	9	4	2		

1	0	5	7	·	5	1	4
		5	2	8	5		
	+		1	0	5	7	
	+			4	2	2	8
			1	1			
		5	4	3	2	9	8

3	6	7	8	·	2	3	4
		7	3	5	6		
	+	1	1	0	3	4	
	+		1	4	7	1	2
			1	1			
		8	6	0	6	5	2

2.

	2	5	3	1	·	2	4	
			5	0	6	2		
		+	1	0	1	2	4	
			6	0	7	4	4	

	4	2	8	7	·	1	7	
			4	2	8	7		
		+	3	0	0	0	9	
			7	2	8	7	9	

3.

1	7	8	·		5	0
			8	9	0	
		+		0	0	0
			8	9	0	0

1	2	3	·	5	0	0
		6	1	5		
	+		0	0	0	
	+			0	0	0
		6	1	5	0	0

6	3	4	·		6	0
		3	8	0	4	
	+			0	0	0
		3	8	0	4	0

2	1	7	·		8	0
		1	7	3	6	
	+			0	0	0
		1	7	3	6	0

Schriftliche Division – Seite 75

1.

	7	3	2	4	:	4	=	1	8	3	1	
−	4											
	3	3										
−	3	2										
		1	2									
	−	1	2									
			0	4								
			−	4								
				0								

	6	7	0	5	:	5	=	1	3	4	1
−	5										
	1	7									
−	1	5									
		2	0								
	−	2	0								
			0	5							
			−	5							
				0							

	3	8	0	1	:	7	=	5	4	3		
−	0											
	3	8										
−	3	5										
		3	0									
	−	2	8									
			2	1								
		−	2	1								
				0								

	3	7	5	3	:	9	=	4	1	7	
−	0										
	3	7									
−	3	6									
		1	5								
	−		9								
			6	3							
		−	6	3							
				0							

2.

	2	5	7	6	:	4	=	**6**	**4**	**4**				8	8	6	5	:	9	=	**9**	**8**	**5**	
−	0												−	0										
	2	5												8	8									
−	2	4											−	8	1									
		1	7												7	6								
	−	1	6											−	7	2								
			1	6												4	5							
		−	1	6											−	4	5							
				0													0							

Umkehraufgabe

	6	4	4	·	4									9	8	5	·	9						
		2	5	7	6										8	8	6	5						

1. Schriftliche Division mit Rest (R) – Seite 77

	1	3	4	:	4	=	**3**	**3,**	**5**							5	4	3	:	5	=	**1**	**0**	**8,**	**6**		
−	0														−	5											
	1	3														0	4										
−	1	2														−	0										
		1	4														4	3									
	−	1	2													−	4	0									
			2	0														3	0								
		−	2	0													−	3	0								
				0															0								

	5	6	4	9	:	6	=	**9**	**4**	**1,**	**5**				3	0	7	7	:	5	=	**6**	**1**	**5,**	**4**		
−	0													−	0												
	5	6													3	0											
−	5	4												−	3	0											
		2	4													0	7										
	−	2	4													−	5										
			0	9													2	7									
			−	6												−	2	5									
				3	0													2	0								
			−	3	0												−	2	0								
					0														0								

Teste Dich (Grundrechenarten) – Seite 78

1.

			8	9	8	7
+		2	7	4	6	1
		1	1	1		
		3	6	~~3~~	4	8
				4		

		4	8	8	9	5
+		3	3	1	2	4
			1	1		
		8	~~1~~	~~9~~	1	9
			2	**0**		

Für jede Aufgabe: 2 Punkte

2.

		7	8	5	4	2
-			7	**4**	2	1
		7	1	1	2	1

		8	2	6	1	4
-		6	**3**	5	**8**	3
		1		1		
		1	9	0	3	1

		3	8	7	2	4
-		1	9	**2**	5	**4**
		1		1		
		1	**9**	4	7	0

Für jedes leere Feld: 0,5 Punkte

3.

Bahnticket 1 P.

4 · 113 € = 452 €

Anzahl Personen und Nächte 0,5 P.

4 · 2 = 8

Hotel 1 P.

8 · 55 €
440 €

Insgesamt 1 P.

452 €
+ 440 €
892 €

A: ***Familie Becker muss insgesamt 892 Euro bezahlen.*** 0,5 P.

4.

	2	5	2	:	7	=	**3**	**6**
−	**0**							
	2	**5**						
−	**2**	**1**						
		4	**2**					
	−	**4**	**2**					
			0					

Rechnung: 1 Punkt
Ergebnis: 1 Punkt

A: ***Lisa muss pro Tag 36 Seiten lesen.***
0,5 P.

5a)

	Anzahl	Preis in €	Gesamtpreis in €
Tageskarten Erwachsene	*265*	*16*	*4240*
Tageskarten Kinder	*1834*	*9*	*16506*
Jahreskarten Erwachsene	*30*	*95*	*2850*
Jahreskarten Kinder	*50*	*55*	*2750*
Tierfutter	*30*	*4*	*120*

2	6	5	·	1	6			1	8	3	4	·	9		3	0	·	9	5		5	0	·	5	5		
		2	6	5					1	6	5	0	6			2	7	0				2	5	0			
	+	1	5	9	0										+		1	5	0		+		2	5	0		
			1																								
		4	2	4	0											2	8	5	0			2	7	5	0		
	3	0	·	4																							
		1	2	0																							

Anzahl und Preis eintragen: 1 Punkt

Jede Rechnung: 1 Punkt

5b)

Jahreskarte Erwachsene

	2	·	9	5	€	=	1	9	0	€					1 P.		1	9	0	€							
							Jahreskarte Kinder									+	1	1	0	€	1 P.						
	2	·	5	5	€	=	1	1	0	€				0,5 P.		+			8	€							
						Tierfutter											1										
	2	·	4	€	=	8	€		0,5 P.								3	0	8	€	insgesamt						

A: ***Sie geben insgesamt 308 Euro aus.*** 0,5 P.

5c)

Kosten Schüler 1 P.

	2	7	·	4	€	=	1	0	8	€							1	1	8	€						
								Kosten Lehrer								−	1	1	2	€						
	1	·	1	0	€	=	1	0	€		0,5 P.															
																			6	€	fehlendes Geld					
	1	0	8	€	+	1	0	€	=	1	1	8	€		0,5 P.							0,5 P.				

insgesamt

A: ***Das Geld reicht nicht. Es fehlen noch 6 Euro.*** 0,5 P.

5d)

2	·	9	=	1	8	€			1	1	8	€	1 P.		
		0,5 P.							–	1	8	€			
										1					
									1	0	0	€			
									neuer Eintrittspreis						

A: *Der neue Eintrittspreis beträgt jetzt 100 Euro. Das Geld reicht nun für den Eintritt.* 0,5 P.

Note	1	2	3	4	5	6
Punkte	28 – 25,5	25 – 20	19,5 - 14	13,5 – 8,5	8 - 3	2,5 - 0

Punkt-vor-Strich-Regel – Seite 81.

1.

$2 \cdot 3 + 12 = \mathbf{6 + 12 = 18}$

$14 + 4 \cdot 5 = \mathbf{14 + 20 = 34}$

$33 - 5 \cdot 6 = \mathbf{33 - 30 = 3}$

$24 : 3 + 15 = \mathbf{8 + 15 = 23}$

$59 - 7 \cdot 7 = \mathbf{59 - 49 = 10}$

$19 - 64 : 8 = \mathbf{19 - 8 = 11}$

$99 : 9 + 7 = \mathbf{11 + 7 = 18}$

$33 - 72 : 9 = \mathbf{33 - 8 = 25}$

$9 + 96 : 3 = \mathbf{9 + 32 = 41}$

2.

$44 : 4 + 5 \cdot 4 = 31$

$11 + 20 = 31$

$87 - 35 : 5 = 49$

$56 - 7 = 49$

$40 : 5 \cdot 2 + 12 = 28$

$8 \cdot 2 + 12$

$16 + 12 = 28$

$64 : 4 : 2 - 2 \cdot 2 = 4$

$16 : 2 - 4$

$8 - 4 = 4$

3.

3	6	:	6	+	4	=	1	0					6	•	7	:	7	=	6					
		6		+	4	=	1	0						4	2	:	7	=	6					
	6	:	6	•	2	+	2	=	4				2	4	:	4	:	2	+	3	=	6		
		1		•	2	+	2								6		:	2	+	3				
				2		+	2	=	4							3			+	3	=	6		

Runden – Seite 82

1.

2489 (Z) ≈ **2490**
7490 (H) ≈ **7500**
69 738 (ZT) ≈ **70 000**

560 879 (H) ≈ **560 900**
709 498 (T) ≈ **709 000**
123 456 (H) ≈ **123 500**

2.

München: 75 042 ≈ **75 000**
Leipzig: 44 545 ≈ **45 000**
Dortmund: 81 365 ≈ **81 000**

Leverkusen: 30 810 ≈ **31 000**
Köln: 46 195 ≈ **46 000**
Schalke: 61 680 ≈ **62 000**

Überschlagsrechnung – Seite 83

1.

1	5	4	1	+	5	0	≈	1	5	5	0				7	4	6	0	-	5	0	0	≈	7	0	0	0
1	5	0	0	+	5	0	=	1	5	5	0				7	5	0	0	-	5	0	0	=	7	0	0	0
2	4	6	7	·	2	≈	5	0	0	0					4	9	0	·	5	≈	2	5	0	0			
2	5	0	0	·	2	=	5	0	0	0					5	0	0	·	5	=	2	5	0	0			

2a)

2	6	7	+	2	8	9	+	5	4	0	9	≈	5	9	6	0
2	7	0	+	2	9	0	+	5	4	0	0	=	5	9	6	0
5	8	6	5	≈	5	9	6	0								

2b)

1	0	9	3	+	1	0	4	0	+	1	0	0	4	3	≈	1	2	1	0	0	
1	1	0	0	+	1	0	0	0	+	1	0	0	0	0	=	1	2	1	0	0	
1	2	1	0	0	≈	1	3	1	7	6											

2c)

5	2	5	:	5	≈	1	0	0
5	0	0	:	5	=	1	0	0
1	1	5	≈	1	0	0		

2d)

1	2	3	0	+	2	3	9	−	1	2	≈	1	4	3	0
1	2	0	0	+	2	4	0	−	1	0	=	1	4	3	0
1	4	3	0	≈	1	5	3	0							

2e)

8	7	8	0	+	2	0	0	·	2	≈	9	2	0	0
8	8	0	0	+		4	0	0		=	9	2	0	0
9	8	1	0	≉	9	2	0	0						

2f)

7	8	4	0	1	-	7	7	3	1	0	≈	1	0	0	0
7	8	0	0	0	-	7	7	0	0	0	=	1	0	0	0
2	0	9	1	≉	1	0	0	0							

2g)

2	4	5	6	0	+	2	1	3	4	5	·	3	≈	8	5	0	0	0
2	5	0	0	0	+	2	0	0	0	0	·	3						
2	5	0	0	0	+			6	0	0	0	0	=	8	5	0	0	0
9	1	8	1	0	≉	8	5	0	0	0								

2h)

6	3	6	:	6	+	4	≈	1	0	4
6	0	0	:	6	+	4				
		1	0	0	+	4	=	1	0	4
1	1	0	≈	1	0	4				

2i)

9	8	9	0	0	-	1	0	2	5	4	-	4	6	3	≈	8	8	5	0	0
9	9	0	0	0	-	1	0	0	0	0	-	5	0	0	=	8	8	5	0	0
9	8	1	8	3	≉	8	8	5	0	0										

Lösungswort: **RUNDEN** (b, d, e, f, g, i)

Teste dich (Punkt-vor-Strich-Regel, Runden, Überschlagsrechnung) – Seite 84

1.

4	7	-	2	1	·	2	=	5			
4	7	-		4	2	=	5				
1	2	+	2	0	·	5	=	1	1	2	
1	2	+		1	0	0	=	1	1	2	
3	3	-	5	·	6	=	3				
3	3	-		3	0	=	3				

2	8	:	7	+	1	8	=	2	2		
		4		+	1	8	=	2	2		
8	8	-	8	·	8	=	2	4			
8	8	-		6	4	=	2	4			
1	3	-	8	1	:	9	=	4			
1	3	-			9		=	4			

9	6	:	8	+	9	=	2	1			
	1	2		+	9	=	2	1			
9	+	7	2	:	3	=	3	3			
9	+		2	4		=	3	3			
6	3	-	4	8	:	6	=	5	5		
6	3	-			8		=	5	5		

Jede Aufgabe: 1 Punkt

2. Madrid: 3 266 126 ≈ ***3 266 000***, Paris: 2 165 523 ≈ ***2 166 000***, Rom: 2 837 332 ≈ ***2 837 000***, Warschau: 1 794 166 ≈ ***1 794 000***; Wien: 1 931 593 ≈ ***1 932 000***, Stockholm: 949 761 ≈ ***950 000***, Lissabon: 552 700 ≈ ***553 000***

Jede Umwandlung: 1 Punkt

2a)

3	6	7	7	4	7	2	≈	3	6	8	0	0	0	0				3	6	8	0	0	0	0
3	2	6	6	1	2	6	≈	3	2	7	0	0	0	0		+		3	2	7	0	0	0	0
2	1	6	5	5	2	3	≈	2	1	7	0	0	0	0		+		2	1	7	0	0	0	0
2	8	3	7	3	3	2	≈	2	8	4	0	0	0	0		+		2	8	4	0	0	0	0
1	7	9	4	1	6	6	≈	1	8	0	0	0	0	0		+		1	8	0	0	0	0	0
1	9	3	1	5	9	3	≈	1	9	3	0	0	0	0		+		1	9	3	0	0	0	0
	9	4	9	7	6	1	≈		9	5	0	0	0	0		+			9	5	0	0	0	0
	5	5	2	7	0	0	≈		5	5	0	0	0	0		+			5	5	0	0	0	0
																		5	3					
																	1	7	1	9	0	0	0	0

Jede Umwandlung: 1 Punkt

Rechnung: 2 Punkte

Note	1	2	3	4	5	6
Punkte	25 – 23	22 – 18	17 - 13	12 - 8	7 - 3	2 - 0

Längen umwandeln und berechnen – Seite 85

1.

23 cm = **230** mm
534 mm = **53,4** cm
5200 m = **5,2** km
75 mm = **7,5** cm
0,42 m = **42** cm
0,7 km = **700** m
3,2 km = **3200** m
123 cm = **1,23** m
0,89 cm = **0,0089** m

2.

Michaela: 1,29 m < ***Maja: 136 cm*** < ***Mike: 138 cm*** < ***Jan: 1,41 m*** < ***Ahmed: 1 m 45 cm***

3.

12 cm (=) 120 mm
3,25 m (>) 325 mm
704 m (<) 7,04 km
0,09 m (<) 900 cm
800 mm (=) 80 cm
98 cm (<) 9 m 8 cm

4a) 4,25 m + 20 cm = ***425 cm + 20 cm = 445 cm***

4b) 8,27 km + 730 m + 3010 m = ***8270 m + 730 m + 3010 m = 12010 m***

4c) 3012 mm + 87 cm + 5 m + 0,2 m = ***3012 mm + 870 mm + 5000 mm + 200 mm = 9082 mm***

4.

1,	*4*	*k*	*m*	=	*1*	*4*	*0*	*0*	*m*	Schulweg von Maike
	1	*4*	*0*	*0*	*m*					
-		*8*	*9*	*0*	*m*					
		5	*1*	*0*	*m*					

A: *Miriams Schulweg ist 510 Meter lang.*

5.

9,	8	k	m	=	9	8	0	0	m							
	9	8	0	0	m											
–	3	6	0	0	m											
	6	2	0	0	m	=	6,	2	k	m						

A: *Michaels Familie ist schon 6,2 Kilometer weit gewandert.*

Gewichte umwandeln und berechnen – Seite 87

1.

4500 kg = ***4,5 t***
1,2 t = ***1200 kg***
230 kg = ***230 000 g***

2000 mg = ***2 g***
1,2 kg = ***1200 g***
2584 g = ***2,584 kg***

2 kg 36 g = ***2036 g***
329 kg = ***0,329 t***
65 g = ***65 000 mg***

2.

Hummer: 20 kg < ***Hund: 32 000 g*** < ***Eisbär: 850 kg*** < ***Lederschildkröte: 0,89 t*** < ***Elefant: 6,4 t***

3.

132 kg (<) 0,32 t
3250 g (=) 3,25 kg
102 mg (<) 10,2 g

3,85 t (>) 385 kg
8,56 kg (>) 856 g
1500 kg (=) 1 t 500 kg

4.

4a) 3200 g + 1200 g + 2,5 kg = ***3200 g + 1200 g + 2500 g = 6900 g***
4b) 2,8 t + 3,2 t + 950 kg = ***2800 kg + 3200 kg + 950 kg = 6950 kg***
4c) 340 mg + 4780 mg + 5,2 g + 0,12 kg ***= 340 mg + 4780 mg 5200 mg + 120 000 mg = 130 320 mg***

5.

1,	5	k	g	=	1	5	0	0	g			1	5	0	0	g	Mehl							
											+		2	5	0	g	Butter							
											+		1	8	0	g	Schokolade							
											+				5	g	Vanille-Zucker							
											+				3	g	Backpulver							
														1										
												1	9	3	8	g	=	1,	9	3	8	k	g	

A: *Der Kuchen ist 1938 Gramm oder 1,938 Kilogramm schwer.*

6.

4	8	k	g	=	4	8	0	0	0	g					4	8	0	0	0	g				
														+	4	7	4	5	0	g				
		4	8	0	0	0	g								1									
	-			5	5	0	g								9	5	4	5	0	g				
			1										=		9	5,	4	5		k	g			
		4	7	4	5	0	g	Gewicht von Martin							Gesamtgewicht									

A: *Janina und Martin wiegen zusammen 95,45 Kilogramm.*

Volumen umwandeln und berechnen – Seite 89

1.

5 l = ***5000*** ml	0,349 l = ***349*** ml	60 ml = ***0,06*** l
4520 ml = ***4,52*** l	¼ l = ***250*** ml	3 l 200 ml = ***3,2*** l
520 ml = ***0,52*** l	620 ml = ***0,62*** l	7 l 410 ml = ***7,41*** l

2.

¾ l < ***780 ml*** < ***1520 ml*** < ***1,78 l*** < ***6 l 520 ml***

3.

437 ml	<	7,34 l	8743 ml	<	87,43 l	7 l 564 ml	>	7,0564 l
6,97 l	>	697 ml	1436 ml	=	1,436 l	9,241 l	=	9241 ml

4.

4a) 457 ml + 312 ml + 1,297 l = ***457 ml + 312 ml + 1297 ml = 2066 ml***

4b) 0,45 l + 1,4 l + 140 ml = ***450 ml + 1400 ml + 140 ml = 1990 ml***

4c) 2 l 412 ml + 7841 ml + 345 ml + 0,2 l = ***2412 ml + 7841 ml + 345 ml + 200 ml = 10 798 ml***

5.

0,	7	5	l	=	7	5	0	m	l															
7	5	0	m	l	·	1	2	=	9	0	0	0	m	l	=	9	l							

A: ***Das Gesamtvolumen der Wasserflaschen beträgt 9 Liter.***

6.

5	l	=	5	0	0	0	m	l								5	0	0	0	m	l			
															–	1	7	0	0	m	l			
1,	7	l	=	1	7	0	0	m	l						–		4	9	8	m	l			
															–	2	3	5	2	m	l			
	¼ l	=	2	5	0	m	l								–		2	5	0	m	l			
																2	2	1						
2	l	3	5	2	m	l	=	2	3	5	2	m	l				2	0	0	m	l			

A: ***Es passen noch 200 Milliliter in den Eimer, bevor er voll ist.***

Teste dich (Längen, Gewichte und Volumen) – Seite 91

1.

3	m	=	3	0	0	c	m		3	0	0	c	m	:	2	4	c	m	=	1	2	c	m	
				0,5 P.				-	2	4		1,5 P.												
										6	0													
									-	4	8													
										1	2	c	m											

A: ***Er kann 12 Holzstücke aus dem Holzbrett gewinnen. Es bleiben noch 12 cm übrig.*** 0,5 P.

2.

3	·	2	4						2	·	1	7	c	m						
		7	2	0,5 P.						7	2		c	m		1 P.				
	Summe aller Stufen								+	5	0	4	c	m						
									1									0,5 P.		
									1	2	2	4	c	m	=	1	2,	2	4	m

A: ***Paulinas Wohnung liegt auf einer Höhe von 12,24 Meter.*** 0,5 P.

3. Strecke von Ort A zu Ort B. und wieder zurück.

2	·	7	6	0	0	m	=	1	5	2	0	0	m	=	1	5,	2	k	m			
			7	6	0	0	m															
	+	1	2	4	0	0	m										1	5,	2	k	m	
	+	2	1	5	0	0	m									+	4	1,	5	k	m	
		1	1													+	4	4,	4	k	m	
		4	1	5	0	0	m	=	4	1,	5	k	m				1	1				
																1	0	1,	1	k	m	
		2	1	5	0	0	m															
	+		5	8	0	0	m															
	+	1	7	1	0	0	m															
		1	1																			
		4	4	4	0	0	m	=	4	4,	4	k	m									

Strecke zu Ort B und C und wieder zurück 1 P.

Insgesamt gefahrene Kilometer 1 P.

Strecke zu Ort C und D und wieder zurück 1 P.

A: ***Herr Moritz ist insgesamt 101,1 Kilometer gefahren.*** 0,5 P.

4.

1,	5	k	g	=	1	5	0	0	g			1	5	0	0	g								
		0,5 P.									–		4	8	0	g	1 P.							
											–		5	2	0	g								
												1	1											
													5	0	0	g	=	0,	5	k	g			

A: ***Bauer Heinz muss noch 500 Gramm oder 0,5 Kilogramm Äpfel ernten.*** 0,5 P.

5. 0,5 P. Gewicht einer Kiste

5	t	=	5	0	0	0	k	g			2	1	6	0	k	g	:	6	0	k	g	=	3	6
										–	1	8	0						1,5 P.					
	5	0	0	0	k	g	Maximalgewicht					3	6	0										
–	2	8	4	0	k	g	Leergewicht und Gewicht Fahrer				-	3	6	0										
														0										
	2	1	6	0	k	g	1 P.																	

A: Er kann insgesamt noch 36 Kisten laden. 0,5 P.

6.

0,5 P. — Gewicht der fünf Hefter 0,5 P.

2,	5	k	g	=	2	5	0	0	g				5	·	1	0	0	=	5	0	0	g		
4	·	4	5	0	g	=	1	8	0	0	g				1	8	0	0	g					
	1	6			g	Gewicht der vier Schulbücher 1 P.								+		4	0	0	g		1 P.			
+		2	0		g									+		5	0	0	g					
+				0	g																			
															2	7	0	0	g	=	2,	7	k	g
	1	8	0	0	g																			

A: ***Da das Gewicht bei 2,7 Kilogramm liegt, sind es 200 Gramm zu viel im Schulranzen.*** 0,5 P.

7.

½ l	=	5	0	0	m	l	·	2	=	1	0	0	0	m	l	=	1	l						
½ l	=	5	0	0	m	l	·	6	=	3	0	0	0	m	l	=	3	l						
¼ l	=	2	5	0	m	l	·	3	=	7	5	0	m	l	=	0,	7	5	l					
⅛ l	=	1	2	5	m	l	·	8	=	1	0	0	0	m	l	=	1	l						

8.

- ☒ 4 Viertelliter ergeben einen Liter.
- ◯ 2 Achtelliter sind mehr als 280 ml.
- ◯ 2 Achtelliter plus 2 Viertelliter ergeben zwei Liter.
- ☒ Zwei Viertelliter und 500 ml sind genau so viel wie ein ganzer Liter.

9.

4	·	1	5	m	l	=	6	0	m	l		7	5	0	m	l	:	6	0	=	1	2,	5	
							ml pro Tag 1 P.				–	6												
												1	5	0				1 P.						
											–	1	2	0										
													3	0	0									
												–	3	0	0									
													0	0	0									

A *Die Medizin wird 12 Tage lang halten.* 0,5 P.

10. Summe der Duschgänge

2	·	6	=	1	2	1 P.																
1	2	·	5	5	*l*	=	6	6	0	*l*		2	·	1	5	0	*l*	=	3	0	0	*l*
		6	0																			
	+		6	0		Wasserverbrauch beim Duschen 1 P.											Wasserverbrauch beim Baden 0,5 P.					
		6	6	0																		
6	6	0	*l*	+	3	0	0	*l*	=	9	6	0	*l*	insgesamt 0,5 P.								

A: ***Herr und Frau Senkbach verbrauchen in 14 Tagen insgesamt 960 Liter Wasser*** 0,5 P.

Note	**1**	**2**	**3**	**4**	**5**	**6**
Punkte	30,5–27,5	27–21,5	21–15,5	15–9,5	9–3,5	3–0

Geld umwandeln und berechnen – Seite 94

1.

7 € = ***700*** ct	7946 ct. = ***79,46*** €	14 ct = ***0,14*** €
886 ct. = ***8,86*** €	0,64 € = ***64*** ct	89124 ct = ***891,24*** €
34,78 € = ***3478*** ct	1 € 2 ct = ***102*** ct	4 € 250 ct = ***6,50*** €

2.

1,58 €	$<$	1580 ct	62 ct	$<$	6,20 €	12 € 3 ct	$<$	12,30 €
150 ct	=	1,50 €	564 ct	=	5,64 €	54,10 €	$>$	541 ct

3.

		3	7	7	8	c	t							6	5	4	5	c	t	
+	7	2	3	1	2	c	t						-	4	3	5	8	c	t	
		1													1	1				
	7	**6**	**0**	**9**	**0**	***c***	***t***							**2**	**1**	**8**	**7**	***c***	***t***	
=	**7**	**6**	**0,**	**9**	**0**	**€**							=	**2**	**1,**	**8**	**7**	**€**		

4.

5	3	2	4	1	c	t	·	3				9	3	8	2	4	c	t	:	4	=	**2**	**3**	**4**	**5**	**6**
			1	**5**	**9**	**7**	**2**	**3**	**c**	**t**	–	**8**														
		=	**1**	**5**	**9**	**7,**	**2**	**3**	**€**			**1**	**3**				**2**	**3**	**4**	**5**	**6**	**c**	**t**			
											–	**1**	**2**			=	**2**	**3**	**4,**	**5**	**6**	**€**				
													1	**8**												
												–	**1**	**6**												
														2	**2**											
													–	**2**	**0**											
															2	**4**										
														–	**2**	**4**										
																0										

5.

1	**4,**	**4**	**€**	=	**1**	**4**	**4**	**0**	**c**	**t**	:	**1**	**2**	=	**1**	**2**	**0**	**c**	**t**		
				–	**1**	**2**								=	**1,**	**2**	**0**	**€**			
						2	**4**	Schreibwarengeschäft Martina													
					–	**2**	**4**														
							0														
1	**6,**	**5**	**€**	=	**1**	**6**	**5**	**0**	**c**	**t**	:	**1**	**5**	=	**1**	**1**	**0**	**c**	**t**		
				–	**1**	**5**								=	**1,**	**1**	**0**	**€**			
						1	**5**	Schreibwarengeschäft Petra													
					–	**1**	**5**														
							0														

A: ***Sanda bezahlt im Schreibwarengeschäft Petra 1,10 € und damit 10 Cent weniger pro Heft als im Schreibwarengeschäft Martina.***

6.

8	·	*4*	*5*	*c*	*t*			*3*	*6*	*0*	*c*	*t*		*1*	*0*	*€*	=	*1*	*0*	*0*	*0*	*c*	*t*	
	3	*2*					+	*1*	*0*	*5*	*c*	*t*												
+		*4*	*0*				+	*2*	*3*	*5*	*c*	*t*						*1*	*0*	*0*	*0*	*c*	*t*	
								1	*1*								-		*7*	*0*	*0*	*c*	*t*	
	3	*6*	*0*	*c*	*t*			*7*	*0*	*0*	*c*	*t*						*1*						
																			3	*0*	*0*	*c*	*t*	
																		=	*3*	*€*				

A: ***Er erhält 3 Euro zurück.***

Zeitpunkte und Zeitspannen – Seite 97

1.

5 h = 5 · 60 = ***300*** min   20 min = ***20 · 60*** = ***1200*** s

420 min = ***420 : 60*** = ***7*** h   4 d = ***4 · 24*** =***96*** h

2.

12 min	>	120 s	200 s	>	3 min	1 h 30 min	<	100 min
1,5 h	>	80 min	2 d	=	48 h	350 s	=	5 min 50 s

3.

Fahrt	Abfahrt	Ankunft	Fahrzeit
Berlin – Potsdam	11:26 h	***12:39 h***	1 h 13 min.
Frankfurt – Koblenz	14:38 h	16:11 h	***1 h 33 min***
München - Stuttgart	***16:50 h***	20:26 h	3 h 36 min

4.

Von 8:45 h bis 9:50 h sind 75 Minuten vergangen. ◯

180 Minuten sind weniger als 3 Stunden. ⊗

Viereinhalb Stunden sind mehr als 260 Minuten. ◯

333 Sekunden sind 5 Minuten und 30 Sekunden. ⊗

5.

1	*0,*	*5*	*h*	=	*6*	*3*	*0*	*m*	*i*	*n*			*8*	*m*	*i*	*n*	*3*	*0*	*s*	=	*5*	*1*	*0*	*s*
												-	*3*	*m*	*i*	*n*	*5*	*s*		=	*1*	*8*	*5*	*s*
					6	*3*	*0*	*m*	*i*	*n*														
				+		*5*	*0*	*m*	*i*	*n*											*3*	*2*	*5*	*s*
					6	*8*	*0*	*m*	*i*	*n*														

6.

1	h	3	0	m	i	n	=	9	0	m	i	n							9	0	m	i	n	
																	+		2	0	m	i	n	
4	·	5	m	i	n	=	2	0	m	i	n							1						
																		1	1	0	m	i	n	

A: *Paul hat insgesamt 110 min Fernsehen geschaut.*

7.

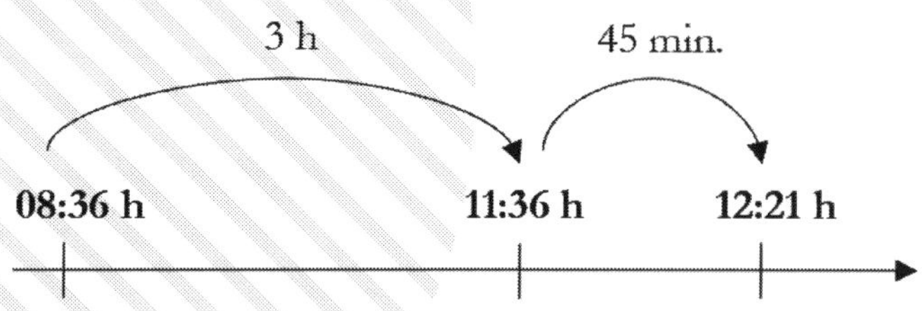

A: ***Familie Mikic kommt um 12:21 Uhr an.***

Teste dich (Geld, Zeitpunkte und Zeitspannen) – Seite 99

1.

7	4	0	c	t					1	3	2	0	c	t		1	5	6	0	c	t	:	6	=	2	6	0	c	t
								−		5	4	9	c	t	−	0													
									1	1	1																		
	7	4	0	c	t	·	5									1	5												
3	7	0	0	c	t					7	7	1	c	t	−	1	2												
																	3	6	0										
																−	3	6	0										
																			0										

2.

1	3	5	0	c	t	·	5		1	1	2	0	c	t	·	3			6	7	5	0	c	t	
6	7	5	0	c	t				3	3	6	0	c	t				+	3	3	6	0	c	t	
	Herr Jansen				1 P.				Frau Jansen				1 P.					+		7	7	6	c	t	
																			1	1					
																		1	0	8	8	6	c	t	
																	=	1	0	8,	8	6	€		

1 P.

A: ***Die Familie Jansen konnte insgesamt 108,08 Euro zur Seite legen.*** 0,5 P.

3.

Einnahmen Erdbeereis und Schokokuchen | Gesamtbetrag – Einnahmen Erdbeereis und Schokokuchen

2	3	·	1	2	0	c	t			5	2	5	0	c	t			1	3	2	1	0	c	t
		2	3				1 P.		+	2	7	6	0	c	t		–		8	0	1	0	c	t
	+		4	6							1							1					1 P.	
	+		0	0	0					8	0	1	0	c	t				5	2	0	0	c	t
		2	7	6	0	c	t			5	2	0	0	c	t	:	8	0	c	t	=	6	5	
		Einnahmen Erdbeereis							–	4	8													
											4	0	0											
										–	4	0	0	Anzahl der Waffeln 1 P.										
													0											

A: Sie haben 65 Waffeln verkauft. 0,5 P.

4.

25 min < 54 min < 3600 s < 1,5 h < 1 h 40 min

Für jede richtige Reihenfolge einer Zeitspanne: 0,5 P.

5a) A: Er ist um 13:01 Uhr und 50 Sekunden angekommen. 0,5 P.

5b)

Zeiten der ersten vier Runden | Gesamtzeit in Sekunden 0,5 P.

2	m	i	n	2	1	s	=	1	4	1	s		1	2	m	i	n	5	0	s	=	7	7	0	s
2	m	i	n	4	0	s	=	1	6	0	s														
2	m	i	n	4	8	s	=	1	6	8	s			7	7	0	s				1	4	8	s	
2	m	i	n	3	3	s	=	1	5	3	s		–	6	2	2	s			=	2	m	i	n	
								2	1						1						2	8	s		
						2 P.		6	2	2	s			1	4	8	s	1 P.						0,5 P.	

Zeit der fünften Runde

A: Für die letzte Runde hat Timon 2 Minuten und 28 Sekunden gebraucht. 0,5 P.

Note	**1**	**2**	**3**	**4**	**5**	**6**
Punkte	19 – 17,5	17 – 13,5	14 – 9,5	9 – 6	5,5 – 2	1,5 – 0

Diagramme – Seite 101

1.

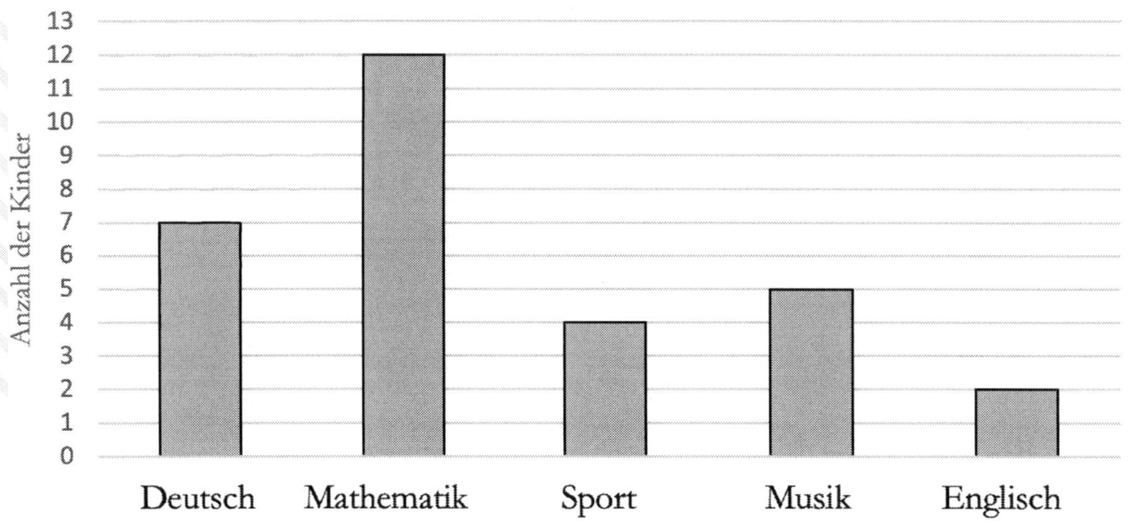

2.

2a) Bananen: 9 + 4 = 13 Banane; Birnen: 6 + 3 = 9; Äpfel: 5 + 10 = 15; Pflaumen: 4 + 7 = 11; anderes Obst: 6 + 6 = 12

Äpfel werden in beiden Klassen zusammen am meisten gegessen.

2b) ***Da er nur 9 Pflaumen gekauft hat, fehlen ihm noch zwei Pflaumen.***

3.

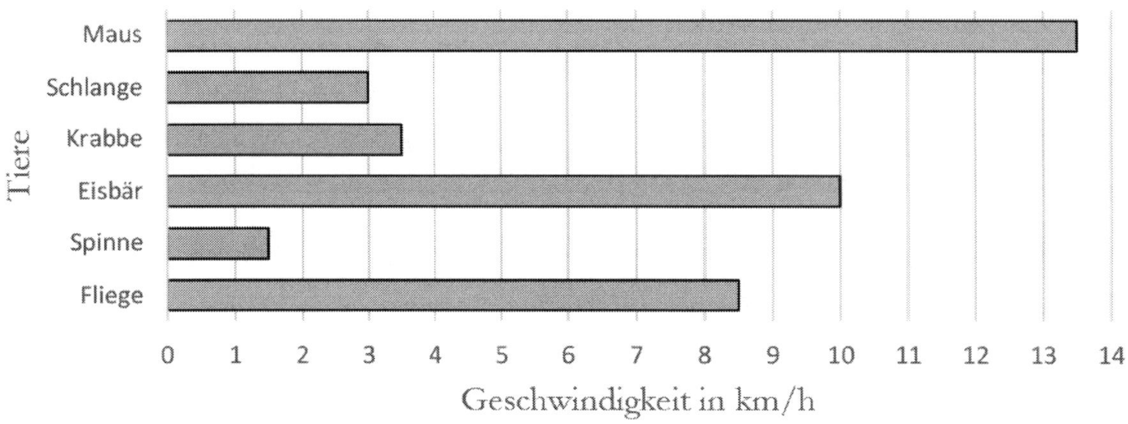

Teste dich (Diagramme) – Seite 103

1a) ***Im Juli und August***
1b) ***Im März***

2.

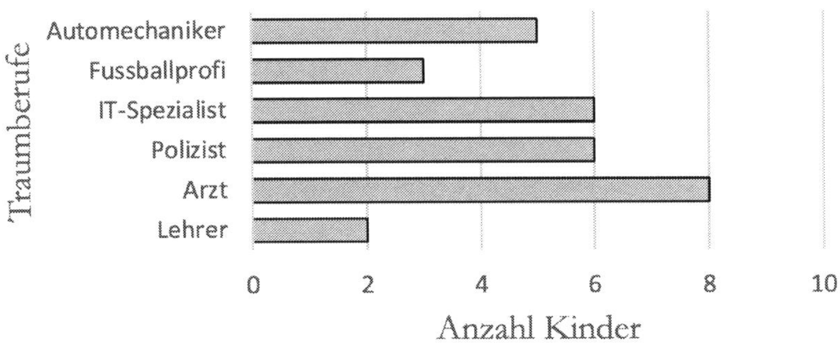

Jeder Balken: 1 Punkte

Note	**1**	**2**	**3**	**4**	**5**	**6**
Punkte	8	7–6	5–4	3	2–1	0

Wahrscheinlichkeiten – Seite 104

1.

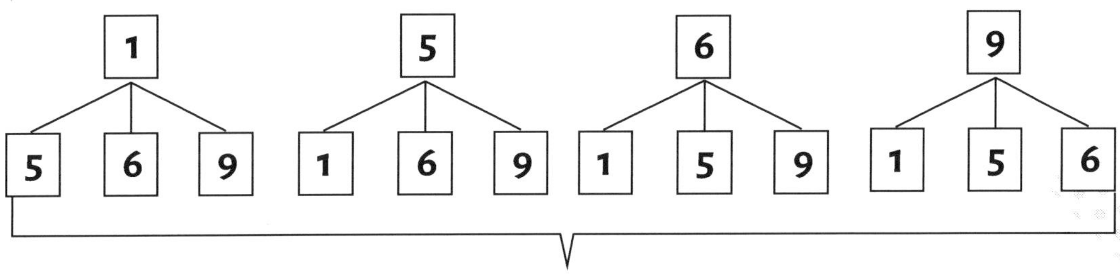

12 Möglichkeiten

A: ***Es bestehen 12 Möglichkeiten für die ersten zwei Stellen.***

2.

2a) *D*
2b) *B und F*
2c) *C, D, F*
2d) *A*

3a) C
3b) *A*
3c) *B*
3d) D

Teste dich (Wahrscheinlichkeiten) – Seite 106

1.

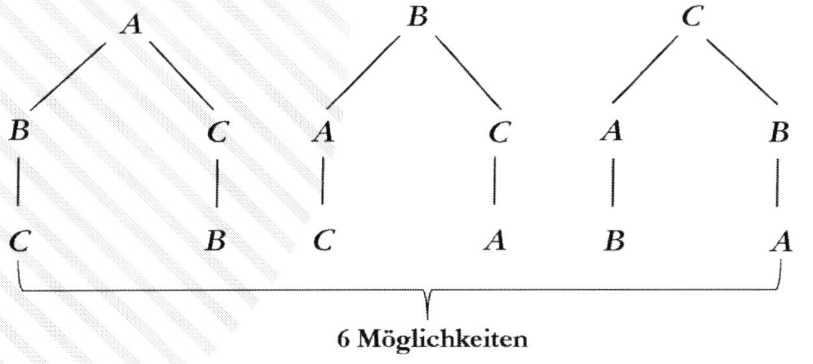

Für jede mögliche Reihenfolge: 0,5 Punkte

2.

Für jede Kugel: 0,5 Punkte

3a) ***A,C***

3b) ***B***

3c) ***D***

3d) ***A***

Note	1	2	3	4	5	6
Punkte	9 – 8,5	8 – 6,5	6 – 4,5	4 - 3	2,5 - 1	0,5 - 0

Körper-, Würfel- und Quadernetze – SSeite 107

1. Der Quader hat **8** Ecken.
Die Kugel hat **0** Kanten.
Der Würfel hat **6** Flächen.
Die Pyramide hat **1** Ecke.
Der Zylinder hat **0** Ecken, **3** Flächen und **2** Kanten.
Der Kegel hat **2** Flächen, **1** Kante und **1** Ecke.

2.

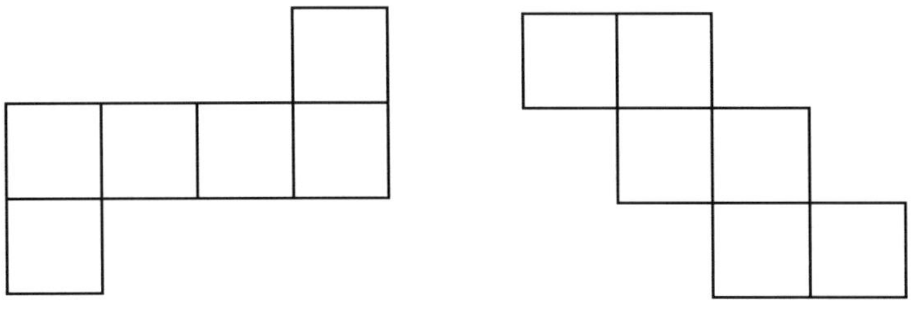

Teste dich (Körper-, Würfel- und Quadernetze) – Seite 108

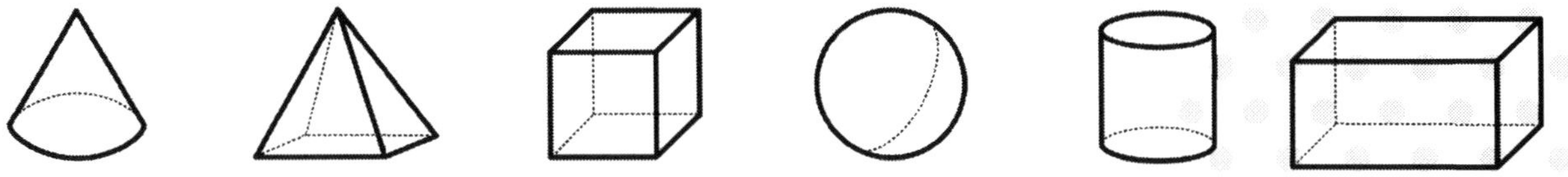

A B C D E F

Figur	Name	Anzahl Ecken	Anzahl Flächen	Anzahl Kanten
A	*Kegel*	1	2	1
B	*Pyramide*	5	5	8
C	*Würfel*	8	6	12
D	*Kugel*	0	1	0
E	*Zylinder*	0	3	2
F	*Quader*	8	6	12

Für jedes Feld jeweils: 0,5 Punkte

2. **Welche der drei Netze stellt einen Quader dar? Kreuze an.**

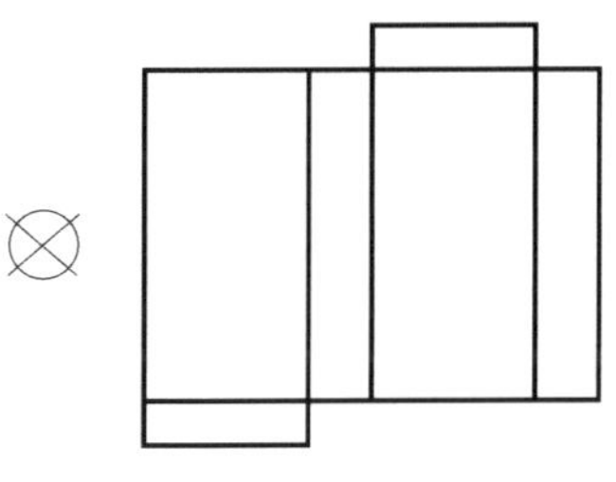

3.

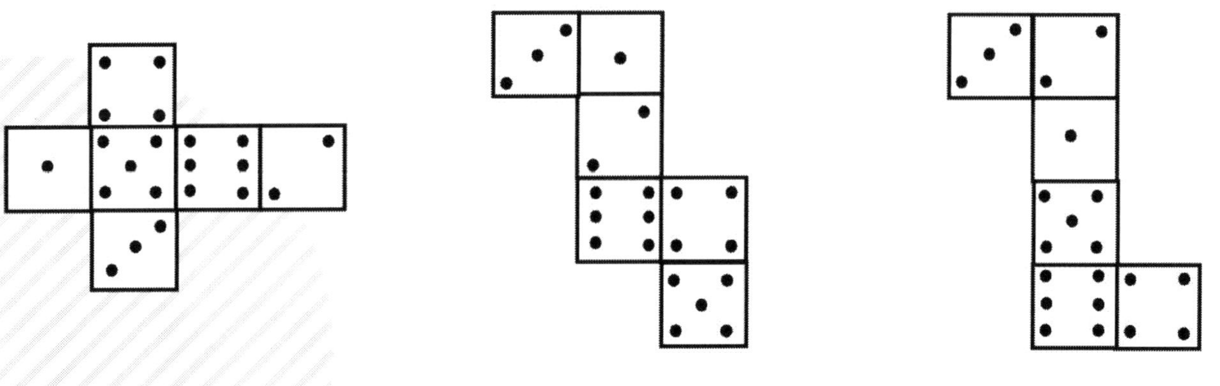

Pro Feld: 0,5 Punkte

Note	1	2	3	4	5	6
Punkte	18,5 – 17	16,5 – 13	12,5 – 9,5	9 – 6	5,5 - 2	1,5 - 0

Englisch

introduce yourself – Seite 109

1.

How are you?	I'm 10 years old.
What´s your name?	I'm fine.
Where are you from?	My name is Thomas.
How old are you?	I'm from Poland.

2.

two – ***zwei***
nine – ***neun***
three – ***drei***
twenty – ***zwanzig***
eleven – ***elf***
thirteen – ***dreizehn***

3.

Spain

France

Italy

4.

Good ***morning*** Sara. **How** are you?
Good morning, Miss Jackson. I´m ***fine***.
Where are ***you from***?
I am from Germany.
How ***old are you***?
I´m 10 years old.
Ok, goodbye! Have a nice day!

5. **Individuelle Antwort:**

What´s your name? – ***My name is ...***

How old are you? – ***I´m .... years old.***

Where are you from? – ***I´m from ...***

body and adjectives – Seite 113

1.

2. **happy, angry, surprised**
3. ***tall, grey, green, friendly, quiet, happy***

Test yourself (introduction, body and adjectives) – Seite 114

1.

one	two	***three***	four
five	***six***	seven	***eight***
nine	ten	***eleven***	twelve
thirteen	fourteen	fiveteen	sixteen
seventeen	eighteen	nineteen	***twenty***

2.

	boy 1	boy 2
name	***Franco***	***Simon***
how they feel	***fine***	***good***
age	***twelve***	***fourteen***
home country	***Italy***	***France***

3.

K	A	T	N	W	T	L	U	S	Y
G	L	E	Z	I	O	O	W	W	S
M	O	U	T	H	K	E	H	N	Z
X	Z	N	C	E	Q	J	X	E	F
U	B	J	S	H	P	U	I	C	F
V	Y	V	E	I	R	D	K	K	I
V	F	O	O	T	N	R	Q	S	N
G	F	F	W	E	I	I	T	T	G
B	E	L	L	Y	T	E	M	K	E
E	Y	E	H	S	A	Q	M	U	R

4. sad – ***happy***
quiet – ***loud***
black – ***white***
tall – ***small***
friendly – ***rude***

Note	**1**	**2**	**3**	**4**	**5**	**6**
Punkte	24 – 22	21 – 17	16 – 12	11 – 8	7 – 3	2 – 0

School – Seite 116
1a) ***glue***
1b) ***scissors***

3. Every morning I put my **folda** in the school **beg.** At school I place my pencil **cas** on top of the desk next to my **exersise** books.

4. Every morning I put my ***folder*** in the school ***bag.*** At school I place my pencil ***case*** on top of the desk next to my ***exercise*** books.

Home and family – Seite 117

1a) The daughter of my mother is my ***sister***.
1b) The husband of my aunt is my ***uncle***.
1c) The son of my daughter is my ***grandson***.
1d) The daughter of my sister is my ***cousin***.

2.

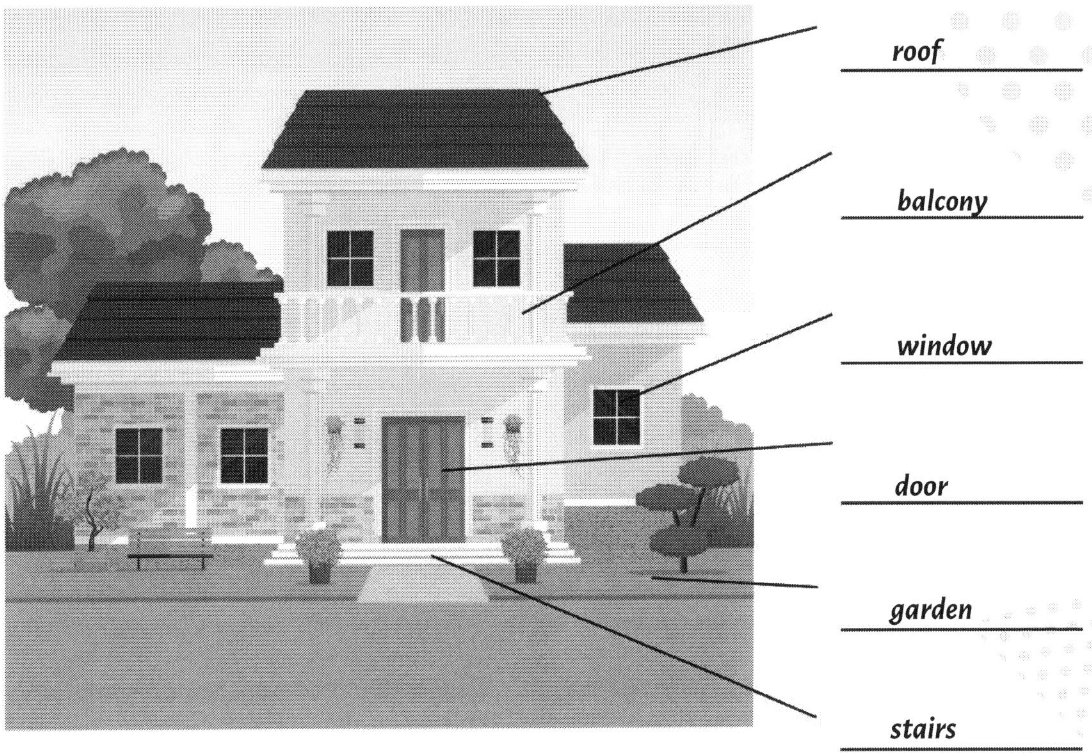

3a) Sam is in the OOMRTHBA: ***bathroom***.
3b) Nadine is in the ECHNIKT: ***kitchen***.
3c) Toby is in the WHYALLA: ***hallway***.
3d) Lin and Frank are in the YNRSRUE OORM: ***nursery room***.

4.

1: *curtain*
2: *lamp*
3: *table*
4: *carpet*
5: *bed*
6: *bookshelf*

5. Sally ***is*** 9 years old and ***visits*** the fourth grade of elementary school. Every school day ***starts*** at 7 in the morning. While Sally's mother ***prepares*** breakfast, Sally ***dresses*** herself. After that she ***washes*** her face and ***brushes*** her teeth in the bathroom. At about 7:30 a.m. Sally ***leaves*** the house and ***walks*** to school.

6. *Sally ist 9 Jahre alt und besucht die vierte Klasse der Grundschule. Jeder Schultag beginnt um 7 Uhr morgens. Während Sallys Mutter das Frühstück vorbereitet, zieht Sally sich an. Danach wäscht sie ihr Gesicht und putzt ihre Zähne im Badezimmer. Gegen 7:30 Uhr verlässt Sally das Haus und läuft zur Schule.*

Test yourself (school, family and home) – Seite 120

1.

physical education | *music* | *art* | *math*

2.

[1]

3.

She ***plays*** | He ***sleeps*** | She ***cooks*** | He ***sits***

1 „Bild: Freepik.com". Diese Grafik wurde unter Verwendung von Assets von Freepik.com entworfen

4.

Who?	Where?
mother	***Parents' room***
father	basement
brother	***garden***
grandmother	kitchen
uncle	hallway

5. ***The mother*** is in the ***kitchen***
The uncle is in the ***hallway***
The grandfather is in the ***living room***
The father is in the ***bedroom***
The grandmother is in the ***bathroom***
The son is in the ***nursery room.***

Note	1	2	3	4	5	6
Punkte	26 – 24	23 – 19	18 – 13	12 – 8	7 – 3	2 – 0

Animals – Seite 122

1.

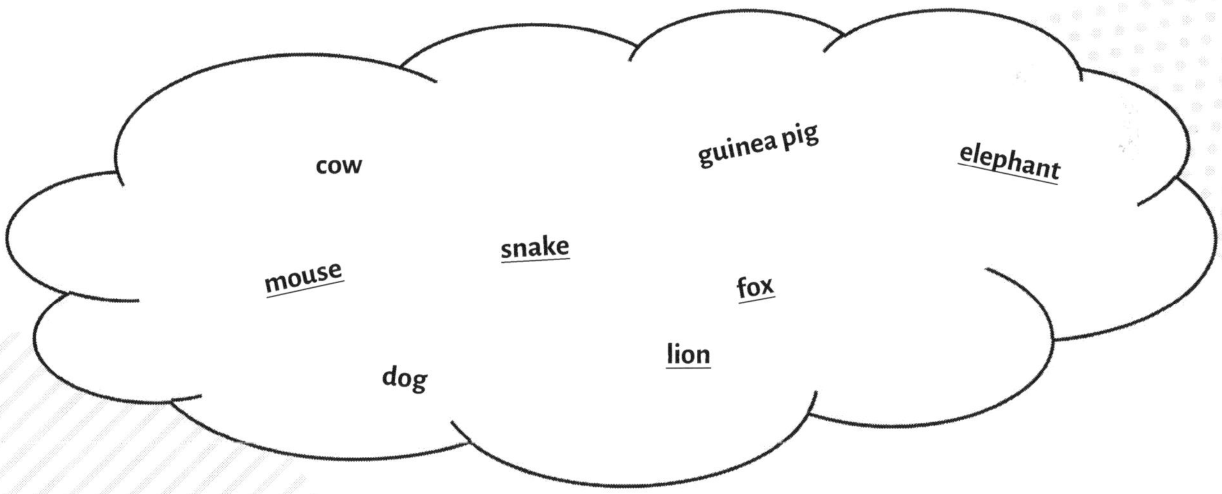

2.

parrot ***sheep*** ***cow*** ***horse*** ***chicken*** ***pig***

3.

S	P	I	D	E	R	V	X	P	Y	N	M
P	N	U	C	X	R	A	N	M	I	R	G
S	R	Q	M	T	L	S	W	O	D	A	L
S	X	G	O	A	T	N	Y	N	W	T	E
L	J	K	F	O	X	D	R	K	P	M	Y
C	V	B	F	Y	Y	B	C	E	T	U	A
X	A	I	P	Y	J	I	S	Y	V	B	U
J	Y	Z	R	S	Q	U	I	R	R	E	L
K	O	Z	E	L	S	S	G	O	O	S	E
P	X	S	J	Q	O	M	Q	F	L	K	T
L	H	Q	S	Q	J	U	L	Q	Z	M	D
A	T	J	U	S	W	J	V	Q	S	C	D

4.

4b) Ich mag Elefanten lieber als Zebras. - ***I like elephants better than zebras.***
4c) Ich mag Papageien lieber als Wellensittiche. - ***I like parrots better than budgies.***
4d) Ich mag Mäuse lieber als Ratten. - ***I like mice better than rats.***
4e) Ich mag Esel lieber als Pferde. - ***I like donkeys better than horses.***

5.

	likes
Jenny	***birds, parrots, lions, tigers***
Will	***squirrels, bears, dogs***
Dennis	***cats, tigers, butterflies***
Lilly	***rats***

Hobbys and sport – Seite 127

1.

2.

<u>ice skating</u>
reading
meeting friends
video-playing
<u>dancing</u>
<u>cycling</u>
writing
<u>skiing</u>

3b) I like to paint - I like ***painting***.

3c) I like to do handicrafts. - I like ***doing handicraft***.

4. Individuelle Lösung

a) I like to ***to play football***.
b) I love to ***go swimming***.
c) I can ***go boxing***.
d) I do ***judo***.

5.

	does
Jenny	***swimming***
Will	***football***
Dennis	***basketball, handball, boxing***
Lilly	***ice skating, inline skating***

Food and drinks – Seite 130

1.

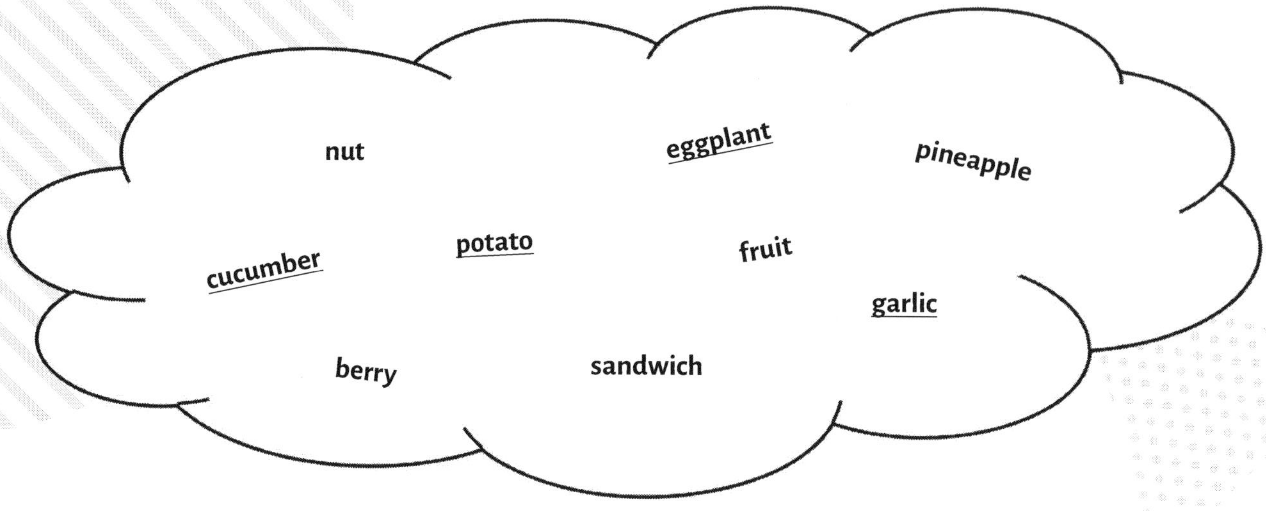

2.

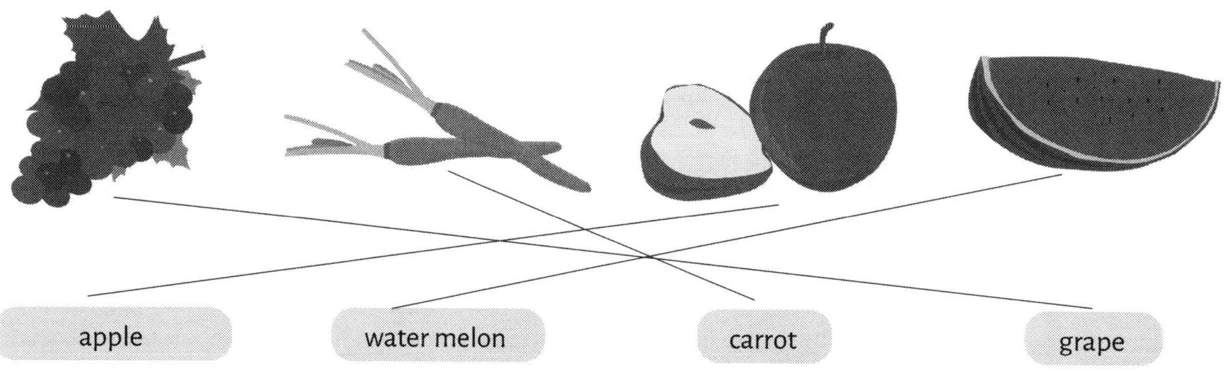

3a) *fruits*
3b) *nuts*
3c) *cucumbers*
3d) *berries*
3e) *potatoes*
3f) *pineapples*
3g) *eggplants*
3h) *sandwiches*

4.

A	L	A	P	D	B	G	R	A	P	E	U
O	N	P	I	L	P	S	F	M	E	R	C
L	O	R	N	N	A	P	Y	D	T	I	W
E	P	I	E	K	O	M	D	M	I	S	A
M	N	C	A	M	B	T	D	E	S	J	T
O	W	O	P	W	F	T	O	Q	M	D	E
N	L	T	P	W	X	Y	R	M	R	A	R
A	W	C	L	O	W	R	A	R	E	I	M
P	P	F	E	E	N	T	N	K	E	K	E
P	E	A	R	H	J	H	G	U	V	U	L
O	Q	Y	G	A	E	T	E	R	H	R	O
H	H	F	B	C	H	E	R	R	Y	A	N

5 a) The boy drinks ***a soda*** and eats ***three sausages*** with ***fries*** and a ***salad*** without ***onions***.
b) The girl drinks ***sparkling water*** and eats ***beef*** with ***rice, pumpkin*** and ***spinach*** without ***garlic.***

Test yourself (animals, hobbies, sport, food and drinks) – Seite 132

1.

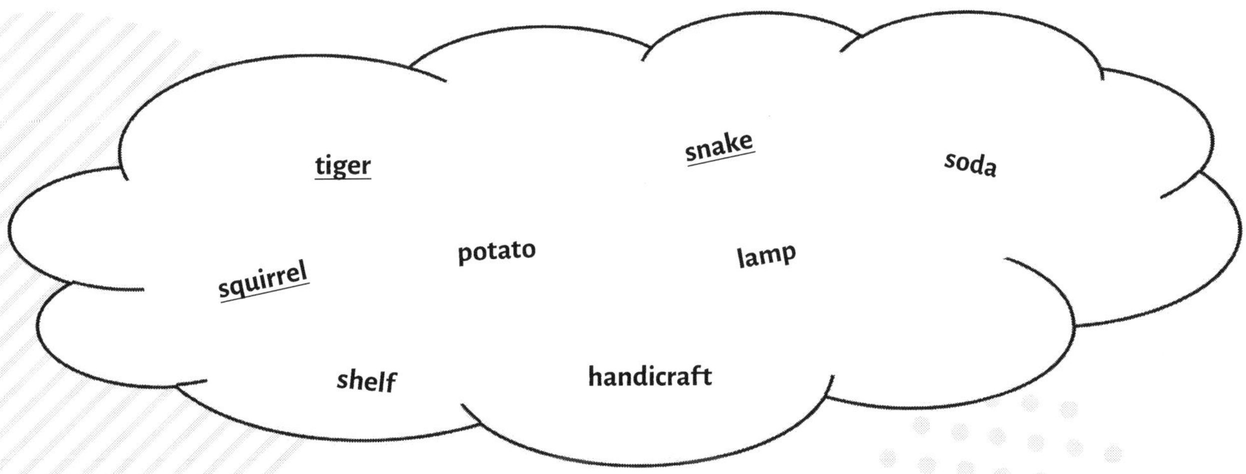

2. **a), c), d), f)** und **g)** sind richtig.

3a) It's a wild animal with eight legs. - ***spider***
3b) It's not a goat. It's giving milk. - ***cow***
3c) People say its a human's best friend. - ***dog***
3d) It rhymes to the word "dish". - ***fish***
3e) It's a wild animal with black and white stripes. - ***zebra***

4a) ***I prefer horses.***
4b) ***My favorite animals are cats.***
4c) ***Do you have pets?***
4d) ***Do you like cows/donkeys more than donkeys/cows?***

5a) ***favorite***
5b) ***prefer***
5c) ***tigers***
5d) ***pets***
5e) ***than***
5f) ***crossbreed***

6.

skiing

chess

football/soccer

ice skating

basketball

7.

to solve	to ride	to play	to watch	to meet	to write	to go
puzzles	a horse	drums	films	friends	stories	to the cinema

8a) ***solving***
8b) ***riding***
8c) ***playing***
8d) ***watching***
8e) ***meeting***
8f) ***writing***
8g) ***going***

9b) ***I go boxing***
9c) ***Anna and Sara go dancing***
9d) ***You go cycling***
9e) ***She plays handball***

10. Every Monday and Wednesday we do sports at school. Most of the time the boys play ***football*** and the girls play ***volleyball***. But this year we started to do ***gymnastics***. Next year we are going to do ***tabletennis*** and ***badminton***. My favorite sports are ***skiing*** and ***cycling***. It's sad that we can not do it at school.

11a) cucumber - ***Gurke***
11b) strawberry - ***Erdbeere***
11c) egg - ***Ei***
11d) carrot - ***Möhre***
11e) juice - ***Saft***
11f) beef - ***Rindfleisch***
11g) chicken - ***Hähnchen***
11h) banana - ***Banane***

12. d), e), h) und g) sind richtig.

Note	1	2	3	4	5	6
Punkte	64 – 58	57 – 45	44 – 32	31 – 20	19 – 7	6 – 0

Literaturangaben

Schnur, Denis (2017): Die ‚Eulen' haben durchgehend schlechtere Noten. In: rnz.de, 09.09.2017.

Haas, Christine (2018): Eltern unter Druck. In: Zeit.de, 24.08.2018.

Fritz, Dagmar (2022): Die Ergebnisse unserer Umfrage, In: Eltern.de, 06.12.2022 (Datum des Zugriffs)

IMPRESSUM

Deutschsprachige Erstausgabe 2023

vertreten durch:
Mario Milanovic
Gustavstraße 41
50937 Köln
Lektorat: Tina Müller, www.tina-mueller.com
Korrektorat: Christine Treu
Covergestaltung und Buchsatz: Wolkenart - Marie-Katharina Becker, www.wolkenart.com

Printed in Germany
by Amazon Distribution
GmbH, Leipzig

30336698R00109